Henning Venske
Briefe aus dem Regierungslager

SERIE PIPER

Zu diesem Buch

Ein Jahr Rot-Grün: das Sparpaket resolut zugeschnürt, Steuern und Renten ultimativ reformiert, nebenbei den Kosovo gerettet – was zählen da verlorene Landtagswahlen! Noch selten demonstrierte in Deutschland eine Regierungsmannschaft eine solche Geschlossenheit und Tatkraft. Exzellente Eigentore, Spielerwechsel gleich nach dem Anpfiff und ein Kanzler, der weiß, wo man stehen muß: immer da, wo die meisten Kameras sind. – Henning Venske ist es gelungen, in der privaten Korrespondenz der Akteure authentische Zeugnisse von Kompetenz, Kollegialität und Schaffensfreude ausfindig zu machen. Erst hier, in ihren Briefen an den Friseur, die Freundin, den Psychologen oder – wenn sonst niemand mehr zuhört – an sich selbst, offenbaren sich die geheimsten Wünsche und Sehnsüchte unserer politischen Elite. Wenn Oskar Lafontaine schonungslos an seinen Therapeuten schreibt oder Jürgen Trittin Klartext in einem Brief an seinen Freund, den Häuptling im brasilianischen Regenwald, spricht, bekommen wir tiefe Einblicke ins Trainingscamp der Anpassungsstrategien und verstehen, daß es schließlich um Spaß und ein gutes Einkommen geht.

Henning Venske, geboren 1939, veröffentlichte neben seiner Arbeit bei Theater, Rundfunk und Fernsehen satirische Bücher und Kinderbücher. Anfang der achtziger Jahre war er Chefredakteur von Pardon, von 1984 bis 1993 Mitglied und Hauptautor der »Münchner Lach- und Schießgesellschaft«. Er lebt heute als Schauspieler, Regisseur, Journalist und Autor in Hamburg. 1997 erschien von ihm »Gerhard Schröders geheimes Tagebuch«.

Henning Venske

Briefe aus dem Regierungslager

Piper München Zürich

Von Henning Venske liegt in der Serie Piper außerdem vor:
Gerhard Schröders geheimes Tagebuch (2663)

Dies ist eine Satire. Wir nehmen den Kunstvorbehalt nach Artikel 5 Grundgesetz in Anspruch.

Originalausgabe
Dezember 1999

Umschlag: Büro Hamburg
Stefanie Oberbeck, Katrin Hoffmann
Umschlagabbildung: Bernd Wagenfeld
Gesamtherstellung: Clausen & Bosse, Leck
Printed in Germany ISBN 3-492-23106-3

Inhalt

Oskar Lafontaine an seinen Psychotherapeuten	9
Franz Müntefering an den Erfinder seiner Frisur	14
Joseph Fischer an seine Liebste	17
Christine Bergmann an den Landfrauenverein	20
Nils-Peter Jensen in sein Tagebuch	25
Bela Anda an die Chefredaktion der Bild-Zeitung	31
Jürgen Trittin an seinen Freund im Regenwald	35
Otto Schily an Ulla Jelpke, PDS	38
Andrea Fischer an die Fernsehärztin	44
Heidemarie Wieczorek-Zeul an ihre Fußpflegerin	48
Gerhard Schröder an den Vorwärts	53
Radcke & Röstel an die ParteifreundInnen	56
Werner Müller notiert für seine Memoiren	62
Jens-Peter Nielsen im Internet	67
Peter Struck an seinen Motorradhändler	71
Uwe-Karsten Heye an den Wirt seiner Stammkneipe	75
Christian Stroebele an einen Berliner Spontifreund	79
Michael Naumann an Pastor Fliege	85
Ludger Volmer an die Schützengilde	90
Edelgard Bulmahn an ihre polnische Haushaltshilfe	94
Nils-Jens Petersen, rot-grüner Nichtwähler	99
Hans Eichel an SPD-KassiererInnen	103
Rudolf Scharping an Hauptfeldwebel Franzke	105
Bodo Hombach an sich selbst	107
Herta Däubler-Gmelin an den IOC-Präsidenten	111
Walter Riester an seinen Vorgänger im Amt	115

Wolfgang Thierse an Tanja Kreil 121
Hans Martin Burys private Aktennotizen 125
Ottmar Schreiners Standardbegrüßungsrede 127
Doris Schröder-Köpf an den Kaufhof-Chef Biere 129
Karl-Heinz Funke an den Farmer James Carter jr. 132
Günter Verheugen an einen alten FDP-Freund 136
Tratschke an Die Zeit 142
Rudolf Dressler an das SPD-Parteipräsidium (Entwurf) 145
Rezzo Schlauch an seinen Steuerberater 149
Gewerkschaftskids zur Zukunft der Gewerkschaften 152
Reinhard Klimmt an seinen Ideologiedesigner 159
Johannes Rau an eine gute Freundin 164
Nachwort: Beichte des Verfassers 169

vom Himmel fä-ällt das Bockskatapult das Bockskatapult und die
Großmutter lüpfet den Busen
wir blasen das Mehl von der Zunge und schrein und es wandert der
Kopf aus dem Giebel
es schließet der Pfarrer den Hó-osenlatz rataplan rataplan den
Hó-osenlatz
und das Haar steht aus-aus den Ohren

Richard Huelsenbeck

Mein Dank gilt
Thomas C. Breuer, Werner Klein und Urban Priol
für die Ganzheitlichkeit ihrer flächendeckenden Denkanstöße
im Spannungsfeld unseres mentalen Beziehungsgeflechtes.

Ende Oktober 1998

OSKAR LAFONTAINE, *Bundesfinanzminister, schreibt an seinen Psychotherapeuten.*

Lieber Herr Dr. Schäfer-Laugenfurz,
ich sitze zur Zeit auf der Regierungsbank, langweile mich furchtbar und habe wieder diese quälenden Inferioritäts- und Überflüssigkeitsgefühle. Wenn Sie jetzt das Fernsehen einschalten, können Sie mich sehen. Und ich sehe Kohl. Aber Kohl heißt jetzt Schröder, und ich nenne ihn Gerd. Gerd rührt mich manchmal: er sieht seiner alten Mutter so wunderbar ähnlich. Ich habe ihm geraten, Doris Schröder-Köpf erst kurz vor der nächsten Wahl zu schwängern. Einen werdenden Vater abzuwählen, das kriegen die Deutschen nicht fertig, das wird uns dann etwas Luft verschaffen. –

Gerd will nicht alles anders, aber vieles besser machen, hat er gesagt. Kann aber auch sein, er hat gesagt, er will nicht alles besser, aber vieles anders machen. Und da frage ich mich, wird er nun anderes besser machen oder doch nur vieles? Oder macht er besser anderes statt vieles? Besser ist ja anders als schlechter, das wollen wir mal festhalten, denn das andere ist allemal schlechter als das Bessere. Nur manchmal ist das Bessere schlechter als das andere. Denn vieles wird anders, wenn es besser wird, vieles wird besser, wenn es anders wird, alles wird besser, wenn vieles anders wird, und alles wird anders, wenn vieles besser wird.

Ich mache ja auch vieles, was ich besser anders machen sollte, aber ich muß mich an die präzise Schrödersche Positionsbestimmung halten:

Wir besetzen die politische Mitte. Nur: Um welche Mitte

handelt es sich? Offenbar gibt es mehrere Mitten. Geht es um eine rechte Mitte oder um eine linke Mitte oder um die Mitte des linken Flügels der rechten Mitte oder die Mitte des rechten Flügels der linken Mitte, hat die Mitte denn überhaupt Flügel, und wer ist der Punkt in der Mitte der Mitte? Ist er das Maß aller Dinge, also das Mittelmaß, verkörpert von diesem Herrn Schröder aus Niedersachsen? Ich halte ihn für einen substanzlosen Schwadroneur: gerade gewählt, beginnt er doch schon zu langweilen. Ich glaube, er tanzt den Werbespot von ewiger Jugend und Schönheit noch eine Weile, aber dann wird er genau das werden, wozu die Satiriker ihn machen.

Direkt neben mir sitzt Joschka Fischer. Als wir zum ersten Mal am Kabinettstisch Platz nahmen, sagte der: »Das ist die schönste Hausbesetzung!« So ist er, der Fischer: Hausbesetzung unter dem Aspekt der Obdachlosigkeit zu sehen, dazu ist dieser Anpassungshysteriker noch nie in der Lage gewesen.

Mit Schaudern denke ich an den Moment zurück, als Gerd bei den Koalitionsverhandlungen die Frage stellte, »wer ist dafür, in Zukunft mal richtig Schabernack zu treiben und sich dabei möglichst viel unter den Nagel zu reißen« – da haben alle Grünen die Finger hochgehoben und sich gemeldet.

Sie müssen mal, lieber Dr. Schäfer-Laugenfurz, den Bericht des Kölner Stadtanzeiger über den Besuch von Joschka Fischer in Warschau lesen. Da stand wörtlich geschrieben: »An dieser Stelle hatte Willy Brandt 1970 einen Kniefall getan. Nach der kurzen Zeremonie sagte der Außenminister Fischer, das demokratische Deutschland wisse, daß solche schrecklichen Taten nie wieder geschehen dürften.«

Ich gestehe – Joseph Fischer als Außenminister beim Abschreiten einer militärischen Ehrenformation, ganz pensionsberechtigter Würdebold: Bei diesem Anblick kämpfe ich mit dem Brechreiz. Es liegt wohl an der Kontinuität. Kinkel heißt jetzt Fischer, und Rühe nennt sich Scharping. Nur Gesundheitsminister Seehofer mußte sich einer Geschlechtsumwandlung unterziehen und heißt jetzt Andrea Fischer. Vielleicht schafft er es nun endlich, die gesundheitsförderliche Zigarette zu erfinden.

Mein Blick fällt auf Jürgen Trittin, unseren Wachtelkönig: Der wird ständig von seiner eigenen essentiellen Bedeutsamkeit durchgeschüttelt. Ich denke, Sie geben mir recht, lieber Doktor: Akzeptanz ist zwar der höchste aller Werte, aber nur, wenn es darum geht, von mir akzeptiert zu werden.

Präsidial erhöht schräg hinter mir thront Wolfgang Thierse. Der spricht gern von den »Genossen Herrschaften Schröder und Lafontaine« – das ist fürwahr ein Paradoxon, wie es wahrer nicht geht. Aber das weiß Thierse nicht. Der Mann hat noch nichts geleistet, gar nichts, aber er redet schon von Diätenerhöhungen für die Abgeordneten. So mutig ist nur der Dumme. Thierse ist ein Politiker mit der Durchschlagskraft eines Badeschwamms und einem bis zur Blindheit geschrumpften Weitblick: Inbrünstig und mit Engagement hat er dem Wahlvolk erklärt, daß jede Stimme für die PDS eine Stimme für Kohl ist. Wer mit seinen Prognosen so falsch liegt, dem sind selbst die Fußstapfen von Rita Süssmuth zu groß. Wie er da auf dem Sessel hängt und sich die Essensreste aus dem Betroffenheitsbart zuzelt – eine Zumutung. Dem Thierse würde ich gern mal die Brille mit Nutella einschmieren. Der Mann entwickelt sich zum Menschenrechtsproblem: Wenn er irgendwo reinkommt, drehen ihm sogar die Fotografen den Rücken zu. Und ich würde mir von ihm nicht mal Kaffee holen lassen. Daß dieser Butzemann auf dem Präsidentenstuhl zu einem westdeutschen Abgeordneten einfach so sagen darf, »ich bitte Sie, zum Schluß zu kommen«, und der darf dann nicht mal antworten, »halt's Maul, Ossi«, also, das tut mir schon weh. Was meinen Sie, lieber Dr. Schäfer-Laugenfurz, ob ich mit der Ablehnung von Thierse nur meine ständige Sehnsucht nach einem Jackett, das mir in den Schultern paßt und das ich trotzdem schließen kann, kompensiere?

Direkt hinter mir schläft Rudi Scharping, unser neuer Friedensengel. Wenn wir die Bundeswehr abschaffen, ist er seinen

Job los. Und kriegt auch keinen neuen, der ist doch wirklich schwer vermittelbar.

Ich habe ja nun wirklich Spaß am Mobbing – aber beim öden Scharping ist alle Mühe vergebens: Der merkt das gar nicht. Und lieber Doktor, Sie werden es nicht glauben: Niemandem fällt auf, wenn Scharping nicht am Kabinettstisch sitzt. Ich bin der einzige, der das merkt. Nennt man das eine Obsession? Manchmal denke ich, aus Scharping könnte man auch eine Schildkrötensuppe kochen. Noch haben Scharping und Thierse bestenfalls zusammen genügend Niveau, um einen Peter Hintze aufzuwiegen. –

Neben Scharping sitzt Franz Müntefering. Gelegentlich, lieber Doktor, müssen Sie mir verraten, unter welcher Psychose der Franz leidet, daß er immer diesen Helm aufhat. Oder ist das eine Filzkappe? Jedenfalls sieht er aus, als trüge er seine eigenen Haare als Perücke, das muß doch was mit Selbsthaß zu tun haben.

Ähnliches vermute ich bei Otto Schily: Der hat jetzt schon ein Image – dafür hat Manfred Kanther jahrelang hart gearbeitet.

Gegenüber der Regierungsbank sehe ich Schäuble. Dankenswerterweise hält er mal den Mund. Die Kombination von Sprachfehler und schwäbischem Dialekt ist schwer zu ertragen, und immer, wenn er zu reden beginnt, denke ich, jetzt fallen ihm wieder Schupfnudeln aus dem Mund. Schäuble will die CDU für ehemalige SED-Mitglieder öffnen. Seiner fahlen Gesichtsfarbe nach zu urteilen, liest er gerade den Eintrittsantrag von Egon Krenz. Diese Christdemokraten sind so erledigt, die könnten den gut gebrauchen, und sei es zum Aufbau einer Jugendorganisation: Junge Pioniere für die Union.

Gott sei Dank, lieber Dr. Schäfer-Laugenfurz, habe ich meine während des Wahlkampfes aufgetretenen Suizidgedanken überwunden. Ich hatte mir ernsthaft überlegt, mich in der Bundestagskantine neben Pastor Hintze zu stellen und tief Luft zu holen …

Das Schauspiel zu beobachten, wie Herr Piech von VW und seine Kameraden aus den anderen großen Unternehmen versuchten, sich eine Regierung ihrer Wahl zusammenzubasteln – dieses skurrile Schauspiel war wohl etwas zuviel für mich, und ich gestehe, ein mulmiges Gefühl gehabt zu haben angesichts der Tatsache, daß da nun zwei gestandene sozialdemokratische Lotsen gezwungen wurden, von Bord zu gehen: Helmut Kohl und Norbert Blüm.

Aber was soll's – die Republik muß sich völlig neu verfilzen, und da gilt mein Mitgefühl vor allem all den vielen Arschkriechern, die jetzt eine neue Heimat suchen ...

So, ich muß aufhören, weil ich ja hier regieren soll, also Kassensturz machen. Nur noch eine Frage, Doktor: Manche Leute nennen mich jetzt Schatzkanzler. Das freut mich, weil ich ja wirklich ein Schatz bin im Vergleich zum Kanzler. Andere aber sagen, ich sei der Schattenkanzler. Lieber Herr Dr. Schäfer-Laugenfurz, ich habe doch keinen Schatten, oder?

Ihrer baldigen Antwort entgegensehend verbleibe ich mit huldvollem Gruß – Ihr Napoleon.

Anfang November 1998

Franz Müntefering, *Chef des Bundesministeriums für Raumordnung, Bauwesen, Städtebau und Verkehr, schreibt an den Erfinder seiner Frisur, von der niemand genau weiß, ob sie einen schlafenden Maulwurf oder eine selbstgewachsene, farblich fein abgestimmte Wintermütze darstellt.*

Lieber Sebastian,
das Wichtigste vorweg: Kirschholz-Furnier ist wunderbar. Weniger Schuppen als bei Esche oder Korkeiche, und die Kopfhaut juckt auch nicht so. Mein Haar hat wesentlich mehr Spannkraft als Schröders Mahagoni – der Gerd wird ja einem männlichen Avonberater immer ähnlicher –, aber bei mir können wir jetzt vielleicht endlich die Außenrolle in Angriff nehmen. Schau Dir mal Fotos der jungen Wenke Myrhe an – so ungefähr.

Ich will damit ein Zeichen setzen gegen Zopfträger wie Cherno Jobatey vom ZDF-Frühstücksfernsehen. Immer, wenn ich den sehe, muß ich die Frage »Verstehen Sie Spaß« glattweg verneinen. Ich meine, schon früh morgens aufzutreten mit der Grazie einer schlachtreifen Pfauenhenne und dabei aus Schlafzimmeraugen die latente Grundgeilheit triefen zu lassen, das ist in Ordnung. Aber in jedem Satz wesentlich mehr Versprecher als Gedanken zu produzieren, und das mit einer Stimme wie ein rachitisches Erdferkel, das liegt bestimmt an dem Bürzel in seinem Genick:

Wenn so ein Bürzel zu straff gebunden wird, führt das zu schweren Sprachbehinderungen.

Wie geht's Dir sonst, lieber Sebastian?

Ich muß sagen, mir fehlen die Gespräche mit Dir, ein Maître wie Du ist ja auch immer Volkes Stimme, und was bei uns auf der Regierungsbank los ist, kannst Du Dir ja denken. An vieles muß man sich gewöhnen: Statt »geistig-moralische Wende« heißt es jetzt »Klima des geistigen Aufbruchs«, und die Regierungsarbeit nennen wir »Chancen-Management«. Im Moment tobt gerade eine Debatte über »Deregulierung, Flexibilisierung und Privatisierung trotz Konsolidierung«, das heißt, es geht um die Frage: »Wie bastelt man sich eine neue Mitte?« Wir haben dafür eine Worthülse in die Mitte des Plenarsaales gestellt, die wir jetzt von allen Seiten vollabern, und der Kanzler kann wieder mal gar nicht so viel versprechen, wie er halten will. –

Während Scharping geredet hat, habe ich ein paar Papierflieger starten lassen – das hat er für einen Akt der Solidarität mit seiner Kosovo-Politik gehalten. Der Rudi ist tagsüber ein mittlerer Angestellter, und nachts ist er es wahrscheinlich auch. Aber wenn einer so oft übergangen wird wie er, entwikkelt man sich eben zu seiner eigenen Übergangslösung.

Vor mir sitzt Karl-Heinz Funke, Landwirtschaftsminister und niedersächsischer Rustikal-Poet, ein Lobbyist der deutschen Putzigkeit. Dem verdankst Du es, lieber Sebastian, daß Dein Fleischer demnächst wieder britisches BSE-Rindfleisch im Angebot hat. Ich sage ja immer: In einer Demokratie finden eben auch die Blödesten ihren Vertreter.

Als ich zu Trittin, unserem Wachtelkönig, gesagt habe, Schuld an der versauten Umwelt haben nur die Bauern und die Autos, und autofahrende Bauern gehören sofort erschossen, hat der mich ganz ernsthaft angesehen und geantwortet: »Davon steht aber nichts im Koalitionsvertrag.« O Mann, so wie Trittin möchte ich als ganz alter Mann aussehen ...

Ich hab's ja ziemlich leicht. Niemand sagt: Toll, dieser Verkehr. Und trotzdem findet er statt. Mehr kann man als Verkehrsminister nicht erwarten.

Aber immer wieder frage ich mich: Was ist bloß mit diesem Thierse los? Neulich, in einer Sitzungspause, habe ich mit ihm geredet, als wäre er ein ganz normaler Mensch, und ich habe ihm vorgeschlagen, mal zu Dir zu fahren, um sich anständig rasieren und eine geschmeidige Fönfrisur komponieren zu lassen. Das lehnte er ab mit der Begründung, er ließe niemanden mit einem messerähnlichen Werkzeug in seine Nähe, weil er als Kind eine Phimose hatte, die operiert wurde, und seitdem sei er furchtbar traumatisiert. Ich bitte Dich, Sebastian, was für ein Quatsch: 1950 gab's in der DDR doch noch gar keine Vorhaut.

Auch Otto Schily wollte ich Dir als neuen Kunden zuführen, denn ich denke, der Mann braucht bei der Klientel, die er jetzt umwirbt, dringend eine Glatze, aber er hat mich nur kurz angeknurrt: »Du hast wohl einen Triller unter deinem Algenbewuchs.« Ich weiß gar nicht, was er damit meint. Ist Dir da mal irgendwas aufgefallen? Dann laß es mich bald wissen. Vielleicht hilft es schon, wenn ich einfach mal den Scheitel für kurze Zeit auf der anderen Seite trage.

Herzlichst – Dein Verkehrsminister Franz I.

Mitte November 1998

JOSEPH FISCHER, *Außenminister, schreibt einen Liebesbrief.*

Bin unheimlich im Streß, Süße, deshalb nur diese wenigen Zeilen. Es gab ja einige Ereignisse, die waren wirklich wichtig. Ich sage nur: Bill (Clinton). Der Hormonhaushalt des amerikanischen Präsidenten ist der Nabel der Welt. Weltweit wird die banale Erkenntnis, daß der Schwanz die Richtlinien der Politik bestimmt, als Sensation empfunden. Und wenn der Schwanz die Richtlinien der Politik bestimmt, gilt der Eiertanz als friedenstiftende Maßnahme. (Gut, oder?)

Ich fand's einfach nur grotesk: Da habe ich mein Leben lang, wie jeder andere auch, in sexuellen Dingen gelogen. Und dann kommt ausgerechnet der amerikanische Präsident und sagt die Wahrheit. Und das Ergebnis? Nun wissen wir etwas, von dem wir sicher sein können, daß es uns nix angeht. Aber immer, wenn ich Bill bei Verhandlungen ins treue Freundesauge blicke, denke ich: Jetzt hockt wieder so eine fette Torte unterm Tisch und lutscht ihm dieses geistesabwesende Grinsen ins Gesicht.

Gut, daß ich Dich habe, mein Schatz, und so vor derartigen Notlösungen geschützt bin.

Aber, ich gestehe, mehr als das Regieren beschäftigt auch mich zur Zeit die Frage, wie man eine Butternudel in die Betonwand rammt, und wann ich wohl das erste Mal zu Viagra greife. Jedes Würstchen wird dadurch ein Tarzan, sagt man, Ecstasy für die Alten heißt das Programm.

Der Penthouse-Herausgeber Bob Guccione stellte fest: »Der Feminismus hat den Mann entmaskulinisiert (entmaskuliniert hätte auch genügt), und das führt zu physischen Problemen. Die Pille wird die männliche Libido befreien.« Das fand ich sehr interessant, weil, irgendwie hatte ich das schon immer im Gefühl, daß ich nicht allein an allem schuld bin. Und die Feministin Camille Paglia sagte: »Die Männer brauchen die Pille zur Stärkung ihres angeschlagenen Egos, die Erektion ist der letzte Strohhalm moderner Männlichkeit.«

Ich glaube, »Strohhalm« ist vielleicht nicht die passende Wortwahl, aber Du hast ja selbst gesagt, das Wichtigste ist, was man damit anfängt, und als oberster Diplomat, der ich ja nun bin, werde ich die zu ergreifenden Maßnahmen schon einzuleiten in der Lage sein.

Falls Du religiöse Bedenken haben solltest, wenn Dein Freund Viagra schluckt: Der Papst hat Papas little helpers seinen Segen erteilt, aber Viagra kommt nur, wie er sagt, »für Paare in Betracht, die auf moralisch geordnete Weise miteinander sexuell intim sind«. Also: Wir werden in den nächsten Monaten heiraten, und dann, juchhu, Licht aus, Klamotten weg, Augen zu, Missionarsstellung. Das wird keine grüne, sondern eine deutsche Vereinigung.

Pater Basilius Streithofen hat sich sogar zu dem kühnen Vergleich hinreißen lassen: »Viagra ist Kunstdünger für die Lenden.« Du kannst also damit rechnen, daß mir demnächst südlich des Bauchnabels ein Kleingarten mit Rucola, Nieswurz und Brunnenkresse wächst – da darfst Du dann harken, gießen und jäten.

Du weißt, mein kleiner Liebling, die Männer denken immer nur an das Eine, aber wenn die Frauen noch etwas anderes hätten als das Eine, würden die Männer möglicherweise auch daran denken. Ich freue mich jedenfalls, daß Du eine ganz normale junge Frau bist. Meine Erfahrung hat mich aber auch gelehrt, nicht jede Frau will immer. Wenn nun alle Männer nicht nur dauernd wollen, sondern auch ständig können: Dann wird Impotenz zum knappen und daher hochbegehrten Gut. An jedem Finger 10 wird er haben, der impotente Mann. Da stellt sich mir natürlich die Frage, ob es nicht meiner Karriere förderlicher ist, wenn ich darauf verzichte, Viagra zu schlucken ...

Ich habe mit dem Kanzler darüber gesprochen, und er hat mir recht gegeben: Auf nichts ist so wenig Verlaß wie auf Impotenz. Und jede Frau rechnet damit und weiß mit so was umzugehen.

Ich denke, ich muß die sexuelle Komponente der Weltpolitik auch bei meinen Zusammenkünften mit Madeleine Albright verstärkt berücksichtigen. Madeleine soll sich, wenn ich ihr gegenübersitze, in Zukunft ständig fragen: Hat er nun die Pille geschluckt, oder sende ich tatsächlich doch noch erotische Signale aus? Und ich werde mich fragen: Glaubt sie nun, daß ich die Pille geschluckt habe, oder meint sie tatsächlich, daß sie mich noch reizen kann? Ja, Viagra macht das Leben spannend!

Nun, anderen Paaren mögen diese Überlegungen egal sein, sie kommen gar nicht auf so was, denn Viagra fürs Gehirn wurde ja noch nicht erfunden. Aber daß nicht jeder chemisch herbeigeführte Potenz-Trip ein reines Vergnügen ist, hat sich rumgesprochen: Kopfschmerzen, Hitzewallungen, Sehstörungen, Bauchkrämpfe und Übelkeit stehen zusätzlich auf dem Programm. Da können wir Machos also lernen, was es heißt, unter Menstruationsbeschwerden zu leiden. Deswegen habe ich mich entschlossen, Viagra, wenn überhaupt, erst dann zu testen, wenn ich beim Anblick einer Muschel sehnsuchtsvoll an Antje Vollmer denke. Bis dahin versuche ich's auf den diversen Gipfeltreffen nach der traditionellen Methode mit Austern, Sellerie und Haiknorpelpulver.

So, Du meine Hummel, ich gucke noch ein bißchen Hotel-Pay-TV und denke an Dich.

Immer Dein Joschka.

Ende November 1998

CHRISTINE BERGMANN, *Bundesministerin für Familie, Senioren, Frauen, Jugend und anderes Gedöns, schreibt an den Landfrauenverein Luckenwalde.*

Liebe Frauen und Kolleginnen! Vielen Dank für Euern Brief! In dieser Zeit des Wechsels bin ich nichts so gerne wie eine Frau, eine Ossi-Frau natürlich, und ich hoffe, Euch geht es auch gut. Damit ist Eure erste Frage schon beantwortet. Und nun der Reihe nach:

Als Quotenfrau – andere gibt's ja gar nicht mehr – muß ich natürlich zunächst einmal meine Anwesenheitspflicht erfüllen.

Gewiß ist man damit schnell überfordert, aber wenn ich das Vertrauen meiner Kolleginnen besitze, dann nicht. Frau zu sein ist ja eine Aufgabe, die sehr viel Kraft und Einsatz erfordert. Da vermisse ich so einiges bei meinen Kabinettskolleginnen – den Damen Herta Däubler-Gmelin, Heidemarie Wieczorek-Zeul und Edelgard Bulmahn, die ja nicht mal einen Doppelnamen hat –, was diese Frauen gemeinsam an emanzipatorischem Output auf die politische Bühne bringen, das schaffte Rita Süssmuth allein schon durch ihre Reisekostenabrechnung.

Aber selbstverständlich ist die brandenburgische Sozialministerin Regine Hildebrandt für jede von uns ein großes Vorbild, denn die Art, wie sie alle Probleme unters nächste Sofa wegschnattert, ist eben einfach vorbildlich.

Wenn Ihr mich fragt, ob ich es mir vorstellen kann, auch Bundesinnenministerin zu werden, also eine knallharte Frau, die im Interesse der ostdeutschen Bevölkerung Polizeieinsätze befiehlt, um beispielsweise Neger oder auch eine kurdische Familie mit vier kleinen Kindern aus dem Kirchenasyl zum nächsten Flugplatz zu prügeln, darf ich Euch sagen: Aber sicher.

Ich würde nur darauf achten, daß die Aktion zur Hälfte von Polizistinnen durchgeführt wird.

Dann fragt Ihr, wie ich als Frau die Postenvergabe in Bonn beurteile. Nun, mich konnte das alles nicht überraschen. Leider.

Aber erinnert Euch einmal, was eine der ersten Amtshandlungen Gerhard Schröders nach der gewonnenen Landtagswahl in Niedersachsen war: Nein, ich meine nicht, daß er sich von Hillu scheiden ließ. Er löste das Frauenministerium auf! Das hat nur niemand bemerkt. Ich bin sicher – damals fiel sein Blick auf Birgit Breuel (übrigens eine fürchterliche Frau, auch als Anblick!), und da hat er gedacht: Mehr Gleichberechtigung muß nun wirklich nicht sein. Jetzt sitzen im Kabinett also 11 Männer und 5 Frauen. Das macht zusammen 16 Menschen. Wenn es nach dem Programm der Grünen ginge, müßten davon 8 Frauen sein.

Es geht aber Gott sei Dank nicht nach den Grünen.

Ihr in Luckenwalde wißt es nicht, aber die westdeutsche SPD hat auf ihrem Parteitag 1988 bei Wunderkerzen und lila Luftballons sehr stimmungsvoll versprochen, 10 Jahre später, also jetzt, 40 Prozent aller Ämter mit Frauen zu besetzen. Danach müßten nun 6,4 Frauen in der Regierung sitzen und 9,6 Männer. Das aber macht unsere sozialdemokratische Basis nicht mit, das kriegen wir nicht durch.

Natürlich würden wir als Übergangslösung auch einen Transsexuellen akzeptieren, einen Quotentransi, obwohl uns das in den Neuen Ländern wieder viele Stimmen kosten würde, aber außer der Bürgermeisterin von Dingsbums, diesem Dorf da bei Euch in der Nähe, ist zur Zeit niemand verfügbar.

Wißt Ihr, es geht ja darum, ein weibliches Hinterland aufzubauen, wie die Leiterin des Büros für frauenpolitische Forschung und Beratung in Frankfurt – so was gibt's! – sehr richtig in der taz geschrieben hat: »Offensichtlich ist es in den Jahren der Opposition nicht geglückt, ein weibliches Hinterland aufzubauen.«

Das, muß man ganz klar feststellen, war in unserer alten DDR nie ein Problem, weil das weibliche Hinterland immer auch ein zentraler Eckpfeiler sozialistischer Familienplanung war. In der durchgängigen Frauenerwerbsarbeit hatten wir eben einen Gleichstellungsvorsprung, aber jetzt müssen wir Frauen unsere Dinge selbst in die Hand nehmen, jemand anders macht's nämlich nicht – und das meine ich genauso eindeutig, wie's hier steht.

Liebe Landfrauen, Euern Hinweis, daß die Frauen ewig über zuwenig Einfluß jammern, aber wenn sich eine Chance bietet, nur kneifen, nehme ich sehr ernst. Aber Anke Fuchs, die sich weigerte, den SPD-Fraktionsvorsitz zu übernehmen, hat zu Recht darauf hingewiesen, daß so ein Amt ihre ganze Lebensplanung durcheinanderbringen würde. Wer weiß – vielleicht will sie noch ein Baby? Und wenn Ihr weit und breit keine Frau seht, die darum kämpft, Bundespräsidentin zu werden, muß ich Euch sagen: Die femininen Komponenten im Wesen des Johannes Rau sind denen einer Frau Limbach durchaus ebenbürtig. Den Johannes lassen wir doch als Quotenmäuschen durchgehen, oder? Und außerdem könnten wir ja auch noch den Posten eines Vizebundespräsidenten schaffen und ihn mit einer Frau besetzen!

Ob die Frauen mehr hätten erreichen können nach der Methode Lysistrata, also Liebesentzug, kann ich nicht beurteilen. Aber wenn sie sich sexuell verweigert hätten, wenn keine Abgeordnete mehr für einen, sagen wir mal, Quicky zur Verfügung gestanden hätte, wäre das für Wolfgang Thierse oder Günter Verheugen möglicherweise eine erhebliche Einschränkung ihrer Lebensqualität gewesen. Außerdem: Niemand darf erwarten, daß sich alle Frauen in dieser Hinsicht am Riemen reißen. Dafür kann ich gerade von Euch Landfrauen Verständnis erwarten.

Ein weiterer wichtiger Gesichtspunkt ist: Mit der Frauensolidarität in der Politik scheint es sowieso nicht so weit her zu sein, das mußte ich in der westdeutschen Männergesellschaft schmerzlich erfahren.

Kerstin Müller, die grüne Fraktionssprecherin, hat zum Beispiel gesagt, Frauen demontieren gern die Kolleginnen, die vorne stehen, und auch Antje Vollmer hat sich dahingehend geäußert, wie grausam Kolleginnen untereinander sein können. Es gibt da eine Menge Kompostschlampen, wenn Ihr wißt, was ich meine, die sollten sich ganz schnell zurück an ihren Herd begeben und schamhaft die Lider senken. Manchmal kann einem beim Anblick dieser Wessi-Ziegen schon das Rüschenblüschen platzen. Nehmt nur mal die parlamentarische Geschäftsführerin der Grünen Kristin Heyne. Wißt Ihr, mit welchem Spruch die in den Wahlkampf gegangen ist? Auf ihren Wahlplakaten in Hamburg stand:

»Lieber eine Spitzenfrau als ein drittklassiger Mann.«

Da steht also zu vermuten, Frau Heyne weiß, daß sie schon bei einem zweitklassigen Mann Probleme kriegt.

Bei der Dame, die Euch so unangenehm im Fernsehen aufgefallen ist, handelt es sich offenbar um Christa Müller. Sie ist vorsätzlich in zwei Talkshows aufgetreten und hat sich dort eigener Meinungsäußerungen schuldig gemacht.

Ich gebe Euch, liebe Landfrauen, recht: In dieser vorlauten Art darf sie das eigentlich nicht. Aber Ihr habt unrecht, wenn Ihr meint, dagegen habe sich kein Protest erhoben, und die Öffentlichkeit sei völlig gleichgültig darüber hinweggegangen. Gerade in Westdeutschland hat diese Einmischung in die inneren Angelegenheiten der Politik viel unliebsames Aufsehen erregt. Bild schrieb zum Beispiel: »Jetzt redet sie schon im Fernsehen mit.« Die Berliner BZ fragte: »Wird Deutschlands Finanzpolitik im Ehebett entschieden?« Und die Süddeutsche Zeitung erkannte ganz klare »Machtgelüste«. Diese Frau, meldete die Wirtschaftswoche, versuche, »die Frankfurter Bundesbank gemeinsam mit ihrem Mann mit einem Sperrfeuer von Vorwürfen sturmreif zu schießen«, Bild identifizierte sie als »Lady Macbeth«, mußte seinen doofen Leserinnen und Lesern aber erklären, wer das nun wieder war, und in der Bunten dozierte ein Soziologieprofessor darüber, daß sich die Müllersche auch nach ihrer Hochzeit weiterhin Müller nennt, statt den Namen ihres Mannes anzunehmen: »Sie ist damit nicht Teil jener Gemeinschaft, die man Ehe nennt«, stellte er fest, »sondern sie nimmt nur teil an ihr. Ehe ist dann wie Busfahren. Mal bin ich drin, mal bin ich draußen. Daß einige Frauen nicht mehr den Namen ihrer Ehemänner tragen, ist das Programm zur Entfesselung der Ehe.« Und schließlich brachte er den Skandal auf den Punkt: »Die Müller und ihr Mann haben Ehebett und Amt, Privates und Öffentliches vermengt. Das nennt man – mit Verlaub – Korruption.« Also, rein und raus beim Verkehr, Entfesselung des Ehebetts, Korruption – kurz: die deutsche Politik als Bordellbetrieb –, so was stößt bei der Mehrheit unserer Bevölkerung auf gar kein Verständnis. Aber was konnte man vom Ehemann der Frau Müller, einem gewissen Oskar Lafontaine, auch anderes erwarten …

Doch, liebe Landfrauen: Uns Frauen kann man trauen! Denn wir stehen hier auf Wacht mit aller unsrer Frauenmacht.

Freundschaft und gute Ernteerträge wünscht Euch Eure
Christine Bergmann, Bundesfamilienministerin.

Weihnachten 1998

Nils-Peter Jensen, *Mitglied von Bündnis 90 / Die Grünen und SPD-Wähler (oder umgekehrt), schreibt in sein Tagebuch.*

Am zweiten Feiertag stapfte ich, Ölklumpen unter den Schuhen, am Strand von Amrum entlang und dachte an die Berliner Republik. Das allein läßt eigentlich schon eine Gehirnstrommessung notwendig erscheinen, ich weiß.

Die alte (CDU / FDP-)Regierung war völlig erstarrt: Positionen wurden nicht verändert, Meinungen nicht gewechselt, und öffentliches Nachdenken fand nicht statt. All das macht unsere (meine) neue Regierung: Sie verändert ihre Positionen in Richtung alte Regierung und verkauft den Leuten das als Flexibilität. Flexibel zu sein – das ist ja wohl kein Wert an sich ...

Wo früher Herr Rühe Herrn Kinkel korrigierte, fährt heute Herr Scharping nach Washington und interpretiert Herrn Fischer. Wo einstmals Herr Kanther mit Frau Schmalz-Jacobsen über Einwanderung stritt, hockt heute Herr Schily und widerspricht Frau Beck. Den Platz des Quertreibers Stoiber hat Herr Clement übernommen, der jetzt Nordrhein-Westfalen regiert, obwohl er als Chefredakteur nicht mal in der Lage war, aus der Hamburger Morgenpost eine Zeitung zu machen. Statt Herrn Biedenkopf gilt Herr Hombach, der Erfinder der Flexibilitätsreserve, als Vordenker, und aus der Nische des sozialen Gewissens meldet sich Dreßler statt Geißler.

Na gut, ich muß das, was die neuen Herren treiben, nicht alles beurteilen, dachte ich mir, die Herrschaften müssen sich eigentlich erst für mein Urteil qualifizieren. Irgendwann ist sowieso Schluß mit der Überforderung, dann fallen sie alle zurück in ihre ureigenste schlichte Kompetenz, in das, was ihrem Talent entspricht: Seehofer zum Beispiel ist jetzt der Fraktionssprecher der CSU für Landwirtschaft, weil er nach seinen Erfahrungen mit der Pharmaindustrie am besten mit wahnsinnigen Rindviechern umgehen kann. So wird auch Schaden vom deutschen Volk abgewendet.

Außerdem: Nicht alles war schlecht in den vergangenen Monaten, einiges erweckt sogar Hoffnung. Zum Beispiel, daß der Castor bei Atommülltransporten nun in die Tüte kommt, hat mich beruhigt. Das hat Angela Merkel noch veranlaßt, der ich gern mal sagen möchte: Es gibt jetzt Perücken mit echten Schuppen! Also, eine spezielle Plastikhülle, über den Castor gezogen, soll verhindern, daß bei Atomtransporten radioaktive Partikel einfach so frei rumschwirren. Wir kennen die Methode von der Schwangerschaftsverhütung. Wie ist Frau Merkel nur darauf gekommen? Das jedenfalls fand ich bemerkenswert.

Nach wenigen Schritten hatte ich so viel Öl unter den Schuhen, daß ich ermessen konnte, wie sich ein Teenager fühlt, der sich auf Plateausohlen durchs Leben schleppt.

Es ist mir unbegreiflich: Diese Spezialisten für stimmungsvolles Sozialblabla, die uns jetzt regieren, hatten 16 Jahre Zeit, sich auf ihre Aufgaben vorzubereiten – wieviel Dummheit und Faulheit müssen sie aufgebracht haben, um nach so langer Zeit derart durchs Examen zu fallen?

Und dann, während ich kurz entschlossen eine verölte Ente erschlug, empfand ich Mitleid: Nicht diese Regierung, nein, dieser Staat in all seinem beschwingten Größenwahn ist am Ende.

Ich bin ganz sicher – vom großen Beutemachen, von all den Fusionen, Deutsche Bank, Hoechst, Mercedes + Chrysler usw., hat der Kanzler genauso spät erfahren wie ich. Warum auch eher? Er versteht ja genauso wenig davon wie ich. Er versteht sogar so wenig davon, daß er nicht mal Unsinn darüber reden kann. Wenn die Deutsche Bank eines Tages die Bundesrepublik Deutschland ihrer Investmentabteilung einverleibt, kann er froh sein, wenn er als Aufseher in der Tiefgarage weiterbeschäftigt wird.

Aber Regieren macht ihm Spaß, das sieht man ihm an. Keine Ahnung und trotzdem Spaß haben, das macht den erfolgreichen deutschen Zeitgeistrepräsentanten aus. Zur Zeit erscheint Schröder auf jeder Idiotenparty, vorausgesetzt, das Fernsehen ist auch da. Er steht politisch in der Nähe jeder Kamera.

Das ist der Triumph der Unterhaltung über jegliche Form von politischer Ideologie. Der Kanzler als oberster Komiker seines Volkes, was gefälligst nur noch als applaudierendes Publikum aufzutreten hat. »Fernsehen macht blöde«, sagten Herr Gottschalk und Herr Schmidt (Leo Kirchs rassistischer Pointenkellner) in einem Stern-Interview. Das ist fast richtig. Noch richtiger ist: Blöde machen Fernsehen ...

Demnächst soll bei uns jeder fast so lange regieren dürfen, wie er Lust dazu hat. SPD-Fraktionschef Struck redete davon, alle Fraktionen seien sich darin einig, daß man den Bundestag nur noch alle 5 Jahre wählen lassen wolle. Außer Struck wußte zwar niemand etwas von dieser Einheitsfront, aber alle waren hoch begeistert.

Ist ja auch klar: Wer so schlecht regiert, daß schon bei der nächsten Wahl der Absturz droht, freut sich, wenn er sich ein Jahr länger in der schönen Sicherheit ausreichender Diäten wiegen kann.

Nach den Ereignissen der letzten Wochen kann man wirklich auf den Gedanken kommen, diese Leute sollen gefälligst von den Institutionen bezahlt werden, denen sie dienen. Wenn die Stromindustrie unbedingt einen Grüßaugust braucht, kann sie Herrn Schröder ja meinetwegen beschäftigen, aber sie soll ihn mir nicht auf die Rechnung setzen. Wenn der Verkehrsminister eine neue Autobahn einweiht, soll BMW gefälligst dafür bezahlen. Und wenn der Verteidigungsminister eine Fahnenweihe zelebriert, soll gefälligst die Siemens-Wehrtechnik dafür aufkommen, aber doch nicht ich.

Im Sand lag ein Prospekt der Firma Benetton. Behinderte Menschen als Werbeblickfang für die United Colors. Doch, von Integration verstehen wir was. Behinderte in Reizwäsche wären allerdings noch marktorientierter. Oder leukämiekranke Kinder – die Plakate könnte man in der Nähe des Kernkraftwerks Krümmel aufstellen.

Es war ziemlich kalt an diesem Nachmittag. Aber es ist besser, am Strand spazieren zu gehen, als zu Hause die Heizung aufzudrehen: Das wird teurer. Wenn es mir gelänge, eine Vorrichtung zu erfinden, mit der ich den Strand von Amrum so heizen könnte, daß da Kokospalmen wachsen, würde ich als Großabnehmer von den Heizkosten befreit. Das nennt meine Partei Ökosteuer.

Irgendein Wirtschaftsstaatssekretär hat gedroht, auch von der Ökosteuer befreite Unternehmen sollen energisch zum Energiesparen angehalten werden. Jetzt fürchten die sich ganz doll. Wie soll das auch gehen? Sollen diese Firmen jetzt die Kantinenbeleuchtung ausschalten? Wenn man sie ernsthaft anhält, also zwingt, nur noch ganz wenig Energie zu verbrauchen, dann muß die Aluminiumhütte plötzlich genau solche Strompreise zahlen wie ein Rentnerehepaar – dann geht die pleite.

Vergnüglich fand ich die Nachricht, daß 7 Mitglieder der parlamentarischen Kontrollkommission für die Geheimdienste auf die Kapverdischen Inseln geflogen sind, um die Insulaner beim Aufbau eines Geheimdienstes zu beraten. Auch dort will man eben wissen, wie man dem Staat mehr Gegner schafft, als man mit Hilfe solcher Organisationen betreuen kann.

Bei uns ist es ja so, daß die PDS im Ausschuß zur Kontrolle der Geheimdienste sitzt und somit diejenigen kontrolliert, von denen sie selbst überwacht wird. Warum auch nicht? Ein Krückenfabrikant kann ja durchaus auch Präsident eines Skiclubs sein.

Eine Ente im Ölmantel schaute mich an und versuchte dann, vor mir davonzurennen. Als ob sie damit noch was gewinnen könnte.

Das Engagement des deutschen Außenministers für die Opfer des Wirbelsturms in Nicaragua und Honduras geht immerhin soweit, daß er einen Schuldenerlaß für die betroffenen Länder »vorurteilslos prüfen« will. Die Gesamthilfe aus Bonn belief sich Anfang November auf 6,9 Millionen Mark. Das verdient man als Mittelfeldspieler von Bayern München in einem Jahr. Die Kosten für einen Tornadoeinsatz im Kosovo sind nicht bekannt. Der Papst hat angeboten, für die Opfer zu beten. Die Ente blieb dann liegen und starb.

Wenn mir vor der Wahl jemand gesagt hätte, daß die erste Amtshandlung einer rot-grünen Regierung sein würde, deutsche Soldaten in ein Kriegsgebiet zu schicken, hätte ich gelacht. Nun wird ausgerechnet von Sozialdemokraten den Russen die Hilfe gestrichen und den Ausländern erklärt, sie seien eine Belastung. Wie wär's eigentlich, als Holocaustdenkmal einen opportunistischen, zu jeder populistischen Maßnahme bereiten Sozialdemokraten öffentlich nackt in einem Käfig auszustellen?

Im Dunst vor der Küste liegt der Schrott der Pallas. Mitarbeiter einer holländischen Firma pumpen das Öl ab. Dafür kassiert die Firma täglich 40000 Dollar. Eine Nachbarschaftshilfe des deutschen Steuerzahlers. Ich stellte mir vor, mein Haus brennt. Ich rufe die Feuerwehr an. Verschiedene Wachen streiten sich um den Einsatz. Keine weiß wirklich, was zu tun ist. Die Flammen nähern sich dem Haus meines Nachbarn. Die Feuerwehr schickt den kleinsten Löschzug, mit dem sonst Katzen vom Birnbaum geholt werden, um zu testen, ob der ausreicht. Ein Feuerwehrmann geht in eine Telefonzelle, um den Nachbarn zu fragen, ob man löschen dürfe. Der fragt: Brennt's denn? Endlich trifft der große Löschzug ein. Der kann den Hydranten nicht finden. Dann braten sich alle zusammen erstmal ein paar Äpfel. Schließlich ist die ganze Straße abgebrannt.

Das Nordseewatt ist unberechenbar. »Es tut uns nicht den Gefallen, sich an die Zuständigkeiten des Bundes, der Länder und der einzelnen Ressorts zu halten«, klagte der Sprecher des Bundesumweltministeriums. Die Zuständigkeit für das Wattenmeer wechsle mehrmals täglich, mit Ebbe und Flut, sagte er. Bei Flut gelte es als Bundeswasserstraße, dann darf das Bundesverkehrsministerium sich damit befassen, bei Ebbe sei es ein Nationalpark, dann sei das Bundesland gefordert. Das Bundesumweltministerium sei thematisch zwar berührt, aber nicht zuständig, betonte er. Daher sei es weder an der Auslösung des Katastrophenfalls noch an der Bekämpfung der Folgen beteiligt. Das sagt dieser schräge Vogel einfach so. Wir lassen uns wirklich von ausgewiesenen Fachleuten regieren.

Am Strand versuchten zwei Männer, die aussahen wie Saddam Hussein und Öcalan, mit Hilfe eines Siebes Sand und Öl zu trennen.

Für die nächste Wahl empfehle ich Rot-Grün den Slogan: Schützt die deutsche Umwelt – Ausländer raus.

Bin übelgelaunt ins Hotel gegangen und habe meine Schuhe in den Müllschlucker geworfen.

1. Januar 1999

Bela Anda, *der stellvertretende Regierungssprecher, faxt an die Chefredaktion der Bild-Zeitung.*

Liebe Kollegen,
der Bundeskanzler ist, wie wir alle, ein großer Freund von Innovationsflexibilität, Kompetenzmobilität, von globalen Visionen, Hightech und Internet.

Ich weiß: Auch Ihr schätzt die Auftritte unseres Kanzlers im Fernsehen. Neben seinem hohen Unterhaltungswert läßt er aber auch immer wieder durchblicken, welchen Sinn seine Politik machen soll. Manchmal allerdings bleiben Fragen offen.

So sagte er beispielsweise in der Fernsehsendung »Talk im Turm«: »Das Deutschland, das wir repräsentieren, wird unbefangen sein, in einem guten Sinne vielleicht sogar deutscher sein.«

Womöglich fragt Ihr Euch nun: Was will uns der Kanzler damit sagen? Ist »unbefangen« die Steigerung von deutsch? Je deutscher, desto unbefangen? Oder je unbefangener, desto deutsch? Zur Klärung habe ich den Satz im Internet in einen Übersetzungsdienst eingegeben. Der Satz wurde also ins Englische übersetzt. Und dann habe ich ihn aus dem Englischen ins Deutsche zurückübersetzen lassen. Und da wurde plötzlich klar, was Gerhard Schröder sagen wollte, denn der Satz lautete nun: »Das Deutschland, das wir darstellen, ist unverschämt, in einer guten Richtung ist möglicherweise sogar deutsch.«

Ich meine nun, liebe Kollegen, diese Methode ist auch in Zukunft bestens geeignet, alle Interpretationsmöglichkeiten von Kanzlerreden auszuschöpfen. Um Euch die Arbeit ein wenig zu erleichtern, habe ich mir erlaubt, die wichtigsten Aussagen seiner gestrigen Neujahrsansprache ebenfalls diesem Übersetzungsdienst im Internet anzuvertrauen.

Ihr werdet überrascht sein, wie bestimmt, unmißverständlich und richtungsweisend sich der Kanzler äußert. Hier ist also der Wortlaut dessen, was er eigentlich in seiner Neujahrsansprache sagen wollte:

»Liebe Mitbürger und Mitbürger, möchte ich mich heute zuallererst zu Ihnen, zu dem junge Menschen in unserem Land gedreht, obgleich Sie nicht am Tag des neuen Jahres sicher notwendigerweise der Politik denken.

Ich möchte zu Ihnen, zu den jungen Frauen und zu den Männern in Deutschland sagen: Sie werden dringend verwendet. Nur mit Ihnen zusammen können wir unser Land in eine Zukunft führen, dadurch, daß es ziemlich für Menschen und ziemlich auch für das Klima geschieht. Alle wir sollten Brükken aufbauen, über denen die jüngeren im Berufsleben ankommen, und für Brücken, über denen die älteren in eine sichere Lebensdauer einsteigen können. Außen würden wir ohne ihre Erfahrungen und ihre Schnelligkeit tun müssen zum Durchführen. Solch ein Pakt benötige mich ich zwischen Jungen und Alt in unserer Gesellschaft.

Es ist zutreffend: Die noch viel zur hohen Arbeitslosigkeit gibt uns Grund zum Interesse. Aber viel mehr Gründe haben uns zum Hoffen und zum Optimismus. Die Training Platzabgleichung verbessert, für die wir hinter Jahr auf einem Satz an den Auslandsanlagen zählen können.

Und nicht wenige Repräsentanten der Arbeitgeber, der Angestellten und der Regierung nahmen Diskussionen unter meiner Zeile über einem Bündnis für Arbeit auf. Ich bin überzeugt: Wir kommen dort zusammen zur Messe und zu den weitreichenden Lösungen.

Die ersten Maße der neuen Bundesregierung treten bereits morgen in Kraft, mit dem die breite Mehrheit der funktionierenden Menschen in Deutschland entlastet werden. Wenn Ihre

Familie zusammen mit einem Durchschnittseinkommen erhalten muß, werden Sie vom Morgen wenige Kontrollen beginnend erhalten zu zahlen und mehr Kindnutzen. Und wenn Sie ein Fertigkeitsunternehmen zum Beispiel führen, dann Sie glaubt bereits bald den Entladungen mit Arbeitskosten und Besteuerungen von Unternehmen.

Wir Deutsche wissen sehr gut, was wir von Europa haben. Wir genießen die geöffneten Grenzen, die freien Märkte und den lebhaften Austausch mit den Kulturen unserer Nachbarn. Europa gab uns die Wahrscheinlichkeit auf einer eindeutigen Entwicklung des Friedens und des Wohlstandes und aktivierte die nationale Maßeinheit unseres Landes.

Deutschland führt den Vorsitz in diesem Jahr auch mit dem Gipfel der wichtigsten industriellen Nationen in Köln. Uns werden besonders es auf einer internationalen finanziellen Architektur zum unten Funktionieren, um zu haben, das durch vollständigen Volkswirtschaftsbruch der Betrachtung verhindert.

In diesem Jahr werden die Bundesrepublik und das grundlegende Gesetz 50 Jahre alt. Und wir können vollen Stolz heute sagen: Wir erstellten ein Modell, das zufriedenstellend bearbeitete, das wir eine lebendige Demokratie erstellen lassen, die auch folglich so beständig seien Sie, weil in die, das der Wohlstand kompiliert, um in der Gesellschaft gutzuschreiben teilend und zu sagen.

Wir tragen diese Werte, wenn wir in dieses Jahr, in Parlament und in Regierung umziehen, von Bonn nach Berlin vor, aber der Abbau nach Berlin ist wir auch Anzeige und Job für fortfahrendes Argument mit unserer Geschichte. Unter der Vergangenheit kann es eine Zusammenfassung Zeile gerade so wenig wie Weise Verbindungen geben, wenn heute Unrecht und Kraft gegen Minoritäten oder Menschen anderen Ursprung festgelegt werden.

Der innere Mitbürger und der Gefährte, die Bürger einiges von Ihnen, die letzte Jahr Ursache für Leid liebt, gaben. Durch private Setbacks und Tragödien aber möglicherweise auch durch den Verlust des Arbeitsplatzes.

Unser wichtigstes Ziel ist die Verkleinerung der Arbeitslosigkeit. Es kann schwierig sein, dieses Ziel zu erzielen, und wir kommen, um an für Jobstep nur dort zu treten. Aber ich weiß: Wenn wir zusammen ihn anpacken, erstellen wir ihn.«

Soviel Klartext vom Kanzler. Beeindruckend, nicht wahr, liebe Kollegen?

Ich hoffen, Ihr unterstützen mein schweres Arbeit, was ich vollbringe ganz in Eurige Zustimmung, mit die Kraft von alle Herzen – Euer Bela.

PS: Ich habe mich oft gefragt, was Helmut Kohl jetzt eigentlich so macht. Jetzt weiß ich's: Er arbeitet als Übersetzer im Internet.

Mitte Januar 1999

Jürgen Trittin, *Umweltminister, schreibt an seinen Freund, den Häuptling »Weicher Kokoskeks« im brasilianischen Regenwald.*

Lieber Koki,
dieser Brief erreicht Dich nicht mit der deutschen Bundespost, sondern per Rauchzeichen. Das macht ihn so schnell und billig. Großes haben wir erlebt, und manches Unheil haben die Götter über uns verhängt, seit wir das letzte Mal gemeinsam einen Affen gegrillt haben. Für meinen Stamm, der sich die Grünen nennt und hauptsächlich aus besserverdienenden Vegetariern besteht, sitze ich jetzt im Rat der Häuptlinge und leite die Abteilung für sauren Regen und allgemeine Verpestung. Meine wichtigste Aufgabe ist es, innerhalb von 20 Jahren den Schröder abzuschalten. Der aber bereitet den Ausstieg aus dem Trittin vor. Da gibt es viel Streit, aber noch keinen Krieg. Und viel Palaver, denn unser Oberhäuptling, dessen Haarfarbe wesentlich dämonischer ist als seine Gedanken, liebt das große wertneutrale Blabla. Er lehnt eine Oskarisierung unseres Landes ab, weil er meint, es hat keinen Zweck, die Interessen von Leuten zu vertreten, die sowieso nichts zu sagen haben. Ich jedenfalls bin meinem Oberhäuptling in jeder Hinsicht überlegen: Ich bin klüger und schöner und deswegen auch zu Recht arroganter als er.

Aber sage, mein Freund: Hast du von dem nordamerikanischen Oberhäuptling Fellatio gehört? Dem hat doch tatsächlich eine fette junge Schimpansin über ein spezielles Rohrleitungssystem den Verstand aus dem Hirn gesaugt. Daraufhin hat er völlig sinnlos einen fremden Stamm am anderen Ende der Welt mit weitfliegenden Speeren überfallen, was niemandem nützt außer den Speerherstellern. Eigentlich müßte er deswegen von seinem Stamm verbannt werden, wir aber sind mit ihm verbündet und erklären nun für rechtens, was nicht rechtens ist.

Mein liebster Kollege im Rat der Häuptlinge ist der Schamane Franz Müntefering, von dem ich glaube, er war in seinem früheren Leben als Schrumpfkopf am Amazonas tätig: Du solltest seine Haare sehen – als ob er vergessen hat, die Trokkenhaube abzunehmen. Der Schamane Franz ist der Anführer der Jugend unseres Stammes – er will den Alten das Verlassen der Hütten und Feuerstellen untersagen, damit sie nicht im Wege stehen oder anderes Unheil anrichten, wenn die jungen Menschen durch Feld und Flur jagen. Er will sie sozusagen aus dem Verkehr ziehen, und er hat mir erklärt, wie es sich mit der Vertrottelung alter Menschen verhält: Erst bemerkt man sie selbst, dann bemerken sie auch die anderen, und schließlich nur noch die anderen.

Nächst Franz verehre ich am meisten unsere erste Medizinmännin Andrea Fischer. Sie ist die einzige Frau, von der ich glaube, daß sie Blindekuh spielen kann ganz ohne Augenbinde. Von Andrea habe ich gelernt: Große Reichtümer auszugeben für das Gesundheitswesen verlängert das Leben des Stammes. Nur wenige Glasperlen für die Gesundheit auszugeben, verkürzt es. Ist aber ein langes und deshalb teures Leben der Stammesmitglieder wünschenswert für den Stamm? Du wirst mir recht geben: Deinem Urgroßvater – hieß er nicht: »Banane, die im Hintern fault«? –, Deinem Urgroßvater, der schon lange auf keinen Baum mehr raufkommt, einen Herzschrittmacher oder eine neue Niere zu spendieren, das hat keinen Zweck. Selbst eine neue Brille wäre übertrieben. Ich als oberster Verpestungsfachmann lehne ja auch die Aufbereitung abgebrannter Brennelemente ab und plädiere für direkte Endlagerung. Das verstehst Du nicht, lieber Koki, aber es ist dasselbe. Jedenfalls, einen verbrauchten Greis wegzuwerfen ist billiger, als ihn zu reparieren, von Greisinnen gar nicht zu reden. Gewiß wirst Du nun einwenden: Wer mehrere Ziegen besitzt, Hühner oder dressierte Cucarachas, der kann sich im Alter besser vom Medizinmann versorgen lassen als ein armer Madenfresser, der sich nicht mal ein Penisfutteral leisten kann. Ja, das ist nun mal so: Wer reich ist, kann sich etwas mehr Gesundheit leisten. Ich und meine Kollegen im Rat der Häuptlinge sagen unseren Stammesgenossen immer: Wer einen Mercedes 500SEL fährt, hat größere Überlebenschancen als einer, der im Opel Corsa hockt. Und ein Villenbewohner im Tessin lebt gesünder als einer, der auf der anderen Straßenseite von Hoechst haust. Deswegen gibt's die Villa im Tessin oder den Mercedes 500SEL noch lange nicht auf Krankenschein. Du siehst, lieber Koki, wir haben auch so unsere Problemchen.

Vielleicht ist ja bald mal wieder ein Klimagipfel bei Dir da in der Nähe, dann schaue ich wieder rein. Und dann denke ich auch daran, Dir einen Regenschirm mitzubringen, aber dafür mußt Du mich dann auch wieder fleißig durchs Unterholz tragen. Laß Dir nicht von Rüdiger Nehberg das Abendbrot wegfressen, und sei ganz lieb gegrüßt von Deinem Freund Jürgen, genannt der Wachtelkönig.

Ende Januar 1999

OTTO SCHILY, *der betrunkene Bundesinnenminister, beantwortet schriftlich einen Stapel kleiner Anfragen von Ulla Jelpke, PDS.*

Ad 1: Wenn ich sage, ich habe nie versucht herauszufinden, wieviel ich wohl trinken oder wie lange ich allein im dunklen Keller sitzen müßte, um auf die Idee zu kommen, eine Polizistin sexuell zu belästigen, ist das scherzhaft gemeint. Ich meine, ich gehe ja auch keinem Leistenkrokodil an die Wäsche.

Fakt ist, eine Studie ergab: Jede vierte Polizistin in Nordrhein-Westfalen sieht sich von Kollegen und Vorgesetzten sexuell belästigt. Die Beamten dort, auch die höheren, sind also nicht so wahnsinnig anspruchsvoll. Andererseits ist zu bedenken: Schweinische Witze bekommen erst den richtigen Kick, wenn Frau, ob sie will oder nicht, gezwungen wird, zuzuhören, weil sie nun mal im selben Streifenwagen sitzt. In einer rauhen Branche wie der Polizei wird wegen eines kameradschaftlichen Klapses auf den Po oder eines anerkennenden leichten Kneifens in den Busen nur eine hysterische Zimtzicke zum Polizeipräsidenten rennen. Wer da als Frau überempfindlich reagiert, soll eben nicht zur Polizei gehen, sondern lieber anderen die Fingernägel maniküren oder Blumen binden.

Von den befragten Polizeimännern gab jeder zwanzigste an, er sei im Dienst schon mal sexuell belästigt worden. Laut der Studie waren die männlichen Polizisten dabei in jedem fünften Fall mit Übergriffen von Bürgerinnen und Bürgern konfrontiert. Wie die Leute draufkommen, ausgerechnet einen Bullen anzubaggern, ist mir schleierhaft, war aber auch nicht Gegenstand der Untersuchung.

Als überraschend wertete das Düsseldorfer Innenministerium das Ergebnis, daß bei den Männern relativ häufig ein Geschlechtsgenosse zudringlich wurde. Möglicherweise wurden in diesen Fällen die Begriffe »Bereitschaftspolizei« und »Öffentlicher Dienst« mißverstanden. Wie oft die Herren in der grünen Reizwäsche selbst zudringlich wurden, zum Beispiel in der anheimelnden Atmosphäre einer Ausnüchterungszelle, darüber gibt es keine verläßlichen Daten.

Ad 2: Was den aus Bayern abgeschobenen Türkenjungen Mehmet betrifft: Das ist Ländersache. Allerdings verstehe ich sehr gut, daß die deutschen Bischöfe und die christlichen Parteien, die ja ständig und intensiv mahnen, die Familie sei der Ort der Menschlichkeit und die Grundlage der Gesellschaft, sehr froh darüber sind, daß dieses Problemkind Mehmet jetzt beim türkischen Fernsehen untergekommen ist. Ich halte den zwangsweisen Aufenthalt in der Musikabteilung des türkischen Fernsehens für eine außerordentlich wirkungsvolle Resozialisierungsmaßnahme, und ich wünsche mir, wir könnten alle unsere straffällig gewordenen Jugendlichen dort einweisen. Das muß die Qualität der angebotenen Programme nicht unbedingt verschlechtern, und wir haben ja auch diesbezüglich mit dem deutschen Fernsehen durchaus positive Erfahrungen gemacht. Gerade bei der ARD ist die Unterbringung auffällig gewordener Heranwachsender eine schon lange geübte Praxis. Ich meine, was wissen denn Sie, was zum Beispiel Reinhold Beckmann früher mal ausgefressen hat? Und man kann doch nicht behaupten, daß die ausgeglichene Unauffälligkeit, die dieser Ansager heutzutage verbreitet, immer noch was Gemeingefährliches hat, oder?

Ad 3: Wenn Sie monieren, daß bayerische Politiker den bayerischen Jungen Mehmet in die Türkei abschieben, andererseits aber unbedingt den PKK-Chef Öcalan aus Italien nach Deutschland holen wollen, müssen Sie sich das von Herrn Gauweiler erklären lassen. Die Politik der Bundesregierung ist eine andere – der Bundesinnenminister besteht ja auch nicht darauf, daß der amerikanische Filmschauspieler Leonardo Di-Caprio, der sowohl ein Drogenproblem wie auch eine Großmutter aus Erkenschwick hat, nun die USA verlassen und zum Entzug im Ruhrgebiet antreten muß.

Ad 4: Die Frage, ob die Bundesrepublik Deutschland Oskar Lafontaine an England ausliefert, stellt sich solange nicht, wie ungeklärt ist, ob er dort Immunität genießen wird oder vor einen internationalen Gerichtshof gestellt werden soll.

Die Bestrebungen der Bundesregierung gehen dahin, Pinochet in die Türkei abzuschieben – dann muß die Türkei die Todesstrafe nicht abschaffen – und Öcalan als Trainer zum VFB Stuttgart zu transferieren, da kann er sie dann meinetwegen einführen.

Ad 5: Zum Thema Volksbefragung der CDU betreffend die doppelte Staatsbürgerschaft teile ich Ihnen folgendes mit: Eberhard Diepgen, Berliner Bürgermeister, sagte 1992:

»Die Erleichterung der Einbürgerung für diejenigen, die hier aufgewachsen sind, auch die doppelte Staatsbürgerschaft, halte ich allerdings für sinnvoll.«

Ich gebe zu: Wenn Herr Diepgen etwas für sinnvoll hält, sind Zweifel angebracht. Aber Erwin Teufel, christdemokratischer Ministerpräsident Baden-Württembergs, assistierte ein Jahr später:

»Warum soll ich der ersten Gastarbeitergeneration nicht beide Staatsbürgerschaften geben, wenn sie gewollt werden?«

Und Rupert Scholz, für den der Bolschewismus gleich hinter seinem Bettvorleger beginnt, hat sich schon vor Jahren gegen Volksbefragungen gewandt. Die seien manipulierbar, weil allzu abhängig von der Fragestellung, und er sagte, die Parteien würden immer dann, wenn es ihnen opportun erscheint, die Flucht aus dem parlamentarischen Mandat und dem dortigen Zwang zur Kompromißfindung suchen. Also: Sooo blöde ist die CDU gar nicht. Die wissen auch, was passiert, wenn man das Volk fragt, sollen wir die Schwulen mit einem neuen § 175 wieder unter Druck setzen, sollen wir die Prügelstrafe für Ladendiebe einführen, und wäre die Todesstrafe in einigen Fällen nicht doch angebracht? Und stellen Sie sich mal vor, jemand hätte in einer großen Unterschriftenaktion zu gegebener Zeit die Bürger nach ihrer Meinung zum Euro gefragt ...

Einstweilen ist es so, daß der Antrag Bayerns, Anwärter auf die deutsche Staatsbürgerschaft dem Reinheitsgebot von 1516 zu unterwerfen, noch nicht durchgekommen ist. Aber die Volksbefragung der CDU hat immerhin verhindert, daß wir am Rande unserer Autobahnen Hinweisschilder in türkischer Sprache finden, und daß die Vielweiberei zwingend vorgeschrieben ist. Insofern habe ich überhaupt keine Probleme, CDU-Politik zu exekutieren.

Ad 6: Im Gesetzentwurf zum Staatsangehörigkeitsrecht steht wörtlich: »Anspruch auf Einbürgerung besteht nicht, wenn tatsächliche Anhaltspunkte die Annahme rechtfertigen, daß der Einbürgerungsbewerber Bestrebungen verfolgt oder unterstützt, die gegen die freiheitliche demokratische Grundordnung gerichtet sind.«

Wenn Sie diesen Satz in seiner ganzen Tragweite verstehen wollen, müssen Sie sich drei Fragen beantworten:

a) Was sind tatsächliche Anhaltspunkte?

b) Gibt's auch andere?

c) Kann man Bestrebungen unterstützen und gleichzeitig verfolgen?

Die Inquisition mit der freiheitlich demokratischen Grundordnung ist ja nichts Neues. Jetzt wird ein Bekenntnis dazu von Leuten ausländischer Herkunft verlangt, wenn sie Deutsche werden wollen.

Die Frage nach der Loyalität gebürtiger Deutscher – zum Beispiel der großen Steuerhinterzieher und all der anderen, die ihre Bestrebungen gegen unser Sozialsystem richten – stellt sich in diesem Zusammenhang nicht. Ob die Verfolger des Sozialsystems unterstützt oder die Unterstützer verfolgt werden, regeln die Verwaltungsvorschriften.

Im Gesetzentwurf zum Staatsangehörigkeitsrecht kommt klar zum Ausdruck:

»Durch die Geburt im Inland erwirbt ein Kind ausländischer Eltern die deutsche Staatsangehörigkeit, wenn ein Elternteil

1. seit acht Jahren rechtmäßig seinen gewöhnlichen Aufenthalt im Inland hat und

2. eine Aufenthaltsberechtigung oder seit drei Jahren eine unbefristete Aufenthaltserlaubnis besitzt.«

Gut. Sie als Deutsche könnten sich nun fragen:

Habe ich denn hier meinen gewöhnlichen Aufenthalt? Oder ist er, wenn ich ihn beispielsweise im Sauerland nehme, nicht eher ungewohnt gewöhnungsbedürftig, also ungewöhnlich?

Was ist denn der Unterschied zwischen einer Aufenthaltsberechtigung und einer Aufenthaltserlaubnis?

Erwerbe ich mit dem Erwerb der Aufenthaltsberechtigung die Aufenthaltserlaubnis zum gewöhnlichen Aufenthalt?

Ist das dann eine rechtmäßige oder eine mäßig rechte Aufenthaltserlaubnisberechtigung?

Ist es nicht etwas ungewöhnlich, unrechtmäßig seinen gewöhnlichen Aufenthalt zu haben, oder ist es eher recht gewöhnlich, also unmäßig?

Es könnte ja auch ganz gewöhnlich sein, einen ungewöhnlich mäßigen Aufenthalt zu haben, und das zu Recht, nicht wahr?

Das alles könnten Sie sich als Deutsche fragen, müssen Sie aber nicht. Denn das sind alles Fragen, die nur einbürgerungswillige Ausländer beantworten, und dies ist die Sprache, deren Kenntnis sie nachweisen müssen, wenn sie einen deutschen Paß erwerben wollen. Ich hingegen bin schon im Besitz eines solchen, denn als Bundesinnenminister bestimme ich die geordnete Freiheit auf deutschem Grund und Boden.

Wenn den Ausländern angesichts meiner Gesetzestexte die Worte fehlen, geht mich das nichts an. Ich bin für die Bildungslücken dieser Leute nicht verantwortlich.

Ich bin der liebe Otto, und das Image, das ich habe – darum mußte mein Vorgänger jahrelang kämpfen. Ende der Durchsage.

Anfang Februar 1999

Andrea Fischer,
Bundesgesundheitsministerin, schreibt an die Fernsehärztin Frau Dr. Antje Kathrin Kühnemann.

Hallo Antje,
immer wenn ich Dich in Deiner Sendung »Die Sprechstunde« in der Glotze sehe, denke ich »guck mal, Antje«, und dann muß ich an das Pausenwalroß vom NDR denken, so was schafft Vertrauen. Überhaupt Tiere vor der Kamera: Zwischen dem Affenkäfig in der Stuttgarter Wilhelma und dem Verband der deutschen Zahnärzte kann ich kaum noch einen Unterschied erkennen.

Aber wirklich auf den Gedanken, an Dich zu schreiben, hat mich Otto Schily gebracht, weil der a) immer so gallenkrank aussieht und b) wie ein Silberpudel, der sich die Räude eingefangen hat.

Liebe Antje, Du bist ja nun Hausärztin, und ich habe Dich mit meiner Gesundheitsreform gerade noch mehr in den Mittelpunkt gestellt.

Du weißt: Durch das Bilanzrichtliniengesetz werden die deutschen Rechnungslegungsvorschriften grundlegend neu geordnet. Die notwendigen Anpassungen werden im Rahmen der ersten Verordnungsänderung der Krankenhausbuchführungsverordnung vorgenommen, weil das Gesetzgebungsverfahren zum Bilanzrichtliniengesetz mittlerweile abgeschlossen und ein Aufschub des Verordnungsverfahrens im Hinblick auf die notwendige Anpassung der Krankenhausbuchführungsverordnung an das Krankenhausneuordnungsgesetz und die neu in Kraft getretene Bundespflegesatzverordnung nun nicht mehr notwendig sind, und ich denke, das ist ein großer Fortschritt für die Volksgesundheit und auch für Deine Tätigkeit.

Diese Neuerungen erfordern von uns allen eine gewisse Konsensfähigkeit, und deswegen möchte ich für meine weitere Vorgehensweise gerne Deinen Rat einholen.

Ich bin natürlich dafür, daß alte und vor allem kontaktgestörte Menschen Haustiere auf Krankenschein beziehen können. Das war ja schon bei Ludwig XIV. so, daß alleinstehenden Damen von der Gesellschaft ein Schoßhündchen zugestanden wurde. Jetzt habe ich aber gelesen, neulich hat ein großer Labrador im Englischen Garten in München sein Frauchen in den Schnee geworfen, ihr den Mantel runtergezerrt und sie vergewaltigt. Ich meine, da ist die Gesellschaft gefordert. Da müssen Reha-Maßnahmen greifen, so ein Hund muß notfalls mit Psychopharmaka therapiert werden. Nur: Wer bezahlt das?

Ich meine, die gesetzlichen Krankenkassen, die sich ja nicht scheuen, Joschka Fischers Bulimie zu subventionieren, könnten auch die Hormonbehandlung dieses armen Labradors übernehmen, damit er seine sexuelle Aberration wieder los wird. Natürlich, der sog. Sozialexperte der SPD, Dreßler, der sich immer aufführt, als sei er der Besitzer einer Hühnerfarm, dabei kann er wahrscheinlich noch nicht mal ein Ei kochen, der wird seinen Protest gegen so einen Plan hinauskrähen, aber ich möchte sogar noch weitergehen. Wenn zum Beispiel die Zierfische von Helmut Kohl krank sind, Rheuma, Sodbrennen oder Geschwüre, dann kriegen die Bäder verordnet. Warum sollte die AOK sie nicht zusammen mit menschlichen Patienten nach Bad Kissingen schicken? Oder der Vogel von Herrn Struck: Jeden Abend, wenn der Fraktionschef der SPD nach Hause kommt, landet der Piepmatz auf dessen Glatze und fängt hektisch an zu wichsen. Der Vogel, er heißt übrigens Jochen und ist ein Wellensittich, muß doch auf die Couch. Und wenn Wolfgang Thierse gegenüber seiner Kasse glaubwürdig versichert, er braucht einen Gecko, der ihm die Milben aus dem

Bart lutscht – warum dann dem Gecko auf Kassenkosten nicht ein Antidepressivum verschreiben?

Neulich erfuhr ich, und das bestärkt mich zusätzlich in meinem Vorhaben, daß es mittlerweile zahlreiche Ausbildungsprogramme für Affen gibt: Ein Orang-Utan bekam Klavierunterricht, ein Gorilla surfte durchs Internet. Mittlerweile sind amerikanische Wissenschaftler dabei, Menschenaffen die Marktwirtschaft näherzubringen. Die Affen sollen begreifen, daß Waren wie Bananen oder Popcorn einen gewissen Wert haben, und lernen, untereinander damit zu handeln. Wer weiß, ob nicht bald so ein Tier auf dem Sessel von Wirtschaftsminister Müller sitzt, und das fällt uns überhaupt nicht mehr auf?

Also, liebe Antje, Du wirst verstehen, es ist höchste Zeit, endlich für die völlige Gleichstellung von Mensch und Tier, von Hamster und Hombach, einzutreten. So groß ist der genetische Unterschied ja auch nicht. Lafontaine, der dem Scharping immer Taubenfutter aufs Autodach streut (das sollte übrigens auch nur noch in der Apotheke verkauft werden), ist total auf meine Reformpläne abgefahren, weil, wenn alle Tiere nur noch auf Krankenschein behandelt werden, die Tierärzte endlich auch Steuern zahlen müssen und nicht mehr nur von Hinterziehung leben können. Und von Karl-Heinz Funke, dem Landwirtschaftsminister, der sich schon lange für seinen Graupapagei ein Hörgerät wünscht, von dem kam sogar der Vorschlag, BSE-Rinder und Alzheimerpatienten zusammen in eine combined therapy zu schicken, bis sie sich am Schluß gegenseitig aufessen. Dieser Punkt ist natürlich verhandelbar.

Ich wäre aber in jedem Fall dafür, Organverpflanzungen von Mensch zu Tier über die Kassen abzurechnen. Um mit gutem Beispiel voranzugehen, wäre ich bereit, einem lahmen Gaul oder einem hinkenden Rottweiler eins meiner Hüftgelenke zur Verfügung zu stellen. Könnten wir das nicht mal öffentlich in Deiner Fernsehsendung besprechen und dort eventuell auch zu einer Spendensammlung für mich aufrufen? Je nach Sendezeit könntest Du mich dann vor laufenden Kameras mal gründlich untersuchen, und man verleiht Dir einen Bambi. Ich sage Dir, Antje, wenn das klappt, hätten wir zwar noch lange nicht den Tierschutz im Grundgesetz, aber wenigstens schon mal die Staupe in der Sozialversicherung.

Ciao bella – Deine Andrea.

Mitte Februar 1999

Heidemarie Wieczorek-Zeul, *Bundesministerin für wirtschaftliche Zusammenarbeit und Entwicklung und die Antwort der sozialistischen Internationale auf Madeleine Albright, Monica Lewinsky und andere Lustobjekte, schreibt an ihre Fußpflegerin.*

Liebste Elvira,
Du hattest recht: Seit ich keine zu engen Schuhe mehr trage, blute ich abends nicht mehr so schnell aus den Augen. Also vielen Dank. Leider komme ich momentan nicht dazu, mir von Dir die Hornhaut von den Ballen schneiden zu lassen – ach, wie ich das vertrauensvolle Gespräch mit Dir vermisse! Meine Karriere stockt irgendwie: Des Kanzlers Dobermannrüde, Bodo Hombach, dessen Innovationskompetenz nicht mal zur Reform seines eigenen Gesichtsausdruckes reicht, intrigiert gegen mich. Ich glaube, er will mein Entwicklungshilfeministerium an sich reißen, denn er weiß: Da ist was zu holen. Wer kontrolliert schon, ob die eine oder andere Million wirklich im Negerkral ankommt.

Seinen Hausbau hat Bodo ja jetzt einigermaßen im Griff, aber ich hörte, er will sich einen gebrauchten amerikanischen Flugzeugträger anschaffen, um damit auf dem Essener Baldeneysee zu kreuzen.

Aber was wird aus mir?

Ich ginge gern nach Brüssel, obwohl es dort in Zukunft wohl schwieriger wird, sich angemessen zu alimentieren. Brüssel ist eine Stadt zwischen Kinderporno und der Flachstirnigkeit außertariflicher Gehaltsklassen. Sich dort durchzusetzen – das wäre eine reizvolle Aufgabe für mich und wesentlich einträglicher, als vor Bodo Hombach niederzuknien. Aber der will, daß Martin Bangemann, diese Personalunion von Rollbraten und schwarzem Loch, weiterhin die Brüsseler Kanalisation belastet.

Ich bin neulich mal dagewesen (in Brüssel). Wer sich da etwas genauer umschaut, empfindet es sofort: Es ist, als ob man im Vorgarten einen Stein hochhebt und das Gewimmel darunter bestaunt: fette Maden, feiste Würmer, flinke Käfer. Ein einzigartiges Panoptikum: böse verkniffene Mafiavisagen, juvenile Pappgesichter, ausgehungerte Ehrgeizlinge hinter funkelnden Brillengläsern, grau-blau uniformierte Hosenträger mit schmalzmild verlogenen Mündern. Und mittendrin krabbelt dieser Bangemann, ein fettleibiger Politkapaun, der außer, daß er immer seinen Teller leer ißt, noch niemals irgend etwas geleistet hat, aber in der europäischen Kommission als außerordentlich geselliger Kollege gilt. Ich weiß genau: Bangemann ist nicht zu blöde, sich die Taschen vollzustopfen, aber vermutlich hat er die Kontrolleure derartig geschmiert, daß sie nichts über ihn rausfinden konnten. Das ist das einzige, was für seine Kompetenz spricht.

Und Monika Wulf-Mathies? Nicht mal in der Lage, unter 18000 Angestellten einen Verwandten unbemerkt mit einem Job zu versorgen. Immer, wenn ich die sehe, denke ich, ob das wohl wirklich sein muß mit der Berufstätigkeit von Frauen. Ich könnte so gut eine gebrauchen, die mir nachmittags die Blusen bügelt ...

Ich werde mal bei Oskar anregen, Monika und Martin aus Brüssel abzuziehen und sie zu einem Fortbildungskursus ins Internationale Olympische Komitee zu schicken. Oder meinst Du, es wäre sinnvoller, wenn EU und IOC gleich fusionieren und irgendwo die Stadtverwaltung übernehmen, zum Beispiel in Wallau-Massenheim?

Ich sage Dir, Elvira, in Deutschland fehlt es in der Sparte Korruption immer noch an erstklassigen Fachleuten. Wir haben es doch bei der Olympiabewerbung von Berlin gesehen – da wurden offiziell 86 Millionen Mark Steuergelder eingesetzt: Für so eine lächerliche Summe kriegt Du doch nicht mal eine Haushaltswarenmesse nach Gelnhausen.

Weißt Du, ich glaube, unser ganzes Volk leidet unter seiner Unfähigkeit, gekonnt zu schmieren, und das schwächt uns in unserem Kampf um globale Marktanteile. Auf der ganzen Welt weiß man: Schmieren schafft Arbeit, fördert den Strukturwandel und stabilisiert den Standort. Nicht umsonst liegt Bayern so weit vorn – bei den Amigos lief schon immer alles wie geschmiert.

Um unseren Aufschwung anzukurbeln, müssen wir europäisch, in Brüsseler Größenordnung, denken, und wir dürfen dabei nicht zu niedrig, also deutsch, ansetzen: Aus einer Drogerie in Schwerin für 22 Mark 90 Wimperntusche und Eyeliner mitgehen zu lassen – das reicht nicht, nein, keine muffige Plattenbautenkleptomanie im PDS-Maßstab, so was führt nur zu geringschätziger Häme.

Das Maß aller Dinge, auch für uns Frauen, ist Herr Pischetsrieder. Dieser über Nacht freigesetzte BMW-Angestellte wurde von seinem einstigen Arbeitgeber durch eine kleine Kapitaldecke vor der schlimmsten Kälte in der Beschäftigungslosigkeit bewahrt. Man munkelt etwas von 15 Millionen Mark, und ich hoffe für Herrn Pischetsrieder, nein, ich bin mir eigentlich sicher, daß er einen Weg finden wird, diese Summe als Verlust abzuschreiben und gewinnbringend in einem ausländischen Aktienpaket anzulegen.

Und dann guck Dir an, was da rund um die Fußballweltmeisterschaft 2006 abläuft: Oskar will der notleidenden Fußballindustrie die fälligen Steuern erlassen, wenn die ihr Championat in Deutschland austrägt. Er verzichtet dabei auf einen dreistelligen Millionenbetrag, so annähernd eine Milliarde Mark, also, das wäre fast schon der Kosovo-Einsatz der Bundeswehr ... Wenn man dann noch die Stadien-Um- und -Neubauten mitrechnet, die ja auch hauptsächlich mit Steuergeldern bezahlt werden, genauso wie der gewaltige Sicherheitsapparat – also, da bringt der Herr Finanzminister wirklich ein Opfer, und ich denke, da muß er auch seinen ganzen Einfluß aufbieten, damit zum Beispiel der Würstchenverkäufer vor dem Stadion das einsieht und trotzdem brav seine Steuern weiterbezahlt. Natürlich fragen sich nun viele, die in der Geisteswelt von Jörg Wontorra & Co nicht so zu Hause sind, was unser Finanzminister für diese beeindruckende Geste des guten Willens vom Weltfußballverband in seine Tasche gesteckt bekam. Nun, so wahnsinnig viel wird es nicht gewesen sein, unsere Politiker sind ja zu Recht nicht so teuer wie beispielsweise Herr Pischetsrieder, und der Generalsekretär des Deutschen Fußballbundes, Herr Horst R. Schmidt, hat ja auch ganz klar gesagt: »Das Geld, das dem Fußball gehört, will der Fußball behalten.«

Was mich bei dieser Angelegenheit wirklich freut, ist, daß damit die Beutelschneiderei gegenüber der Vergnügungsindustrie jetzt endlich ein Ende hat. Aber nach dem Gleichheitsgrundsatz muß die Steuerbefreiung natürlich für alle Verbände und Organisationen gelten, und auch ich, deren Parasitentum nicht weniger gut entwickelt ist als das der Fußballindustrie, sage deshalb ganz klar: »Das Geld, das mir gehört, will ich behalten.«

Ach, Elvira, liebste Freundin, wir beide wissen es doch ganz genau, wir haben ja oft genug darüber gesprochen: Wir wollen doch alle nur reich werden. Überall in Deutschland fehlt es in der Sparte Effizienzoptimierung an weiblichen Fachkräften, und trotzdem werde ich an meiner Entfaltung gehindert. Da müssen wir kämpfen, und ich fordere, und da bin ich im Einklang mit der Arbeitsgemeinschaft sozialdemokratischer Frauen, daß jede in der Politik tätige Frau mit einer Position bedacht wird, die es ihr ermöglicht, sich angemessen bestechen zu lassen. In Fällen sozialer Härte, wenn die Betreffende nur eine Position bekleidet, wo sich Bestechung wirklich nicht lohnt, sind Abfindungen ein probates Mittel zur Stärkung der persönlichen Kaufkraft.

Es muß in Zukunft viel selbstverständlicher werden, daß vor allem AmtsinhaberInnen ein Aufgeld kassieren – schließlich ist meine Leistung ja auch wesentlich höher als mein Gehalt. Also: Abfindung und Bestechung für alle Frauen – das sind zeitgemäße AB-Maßnahmen. Die, lustvoll kombiniert mit Steuerhinterziehung, garantieren den globalen Success.

So, ich muß jetzt Schluß machen. Bodo kommt gleich auf ein Täßchen Tee (mit Cointreau!), und ich muß mich noch umziehen. Wenn das dann trotzdem nichts wird mit Brüssel, muß ich überlegen, ob ich nicht ins Sozialministerium überwechsle, weil mir das am meisten Zeit läßt, nebenbei für das IOC als Juwelen- und Hotelbettentesterin zu jobben.

Bussi – Deine Heidi.

Ende Februar 1999

GERHARD SCHRÖDER, *Bundeskanzler, schreibt einen Leserbrief an den Vorwärts.*

Nu machtma halblang, Freunde!
Ich verbitte mir jede Miesmacherei, bloß, weil die Hessen nicht so gewählt haben, wie wir uns das vorgestellt haben. Bevor wir ins Lagerdenken verfallen, müssen wir uns doch erstmal fragen:

Um welche Baustelle ging's denn da?

Es ging um Doppelhaushälften, Doppelstockwaggons, Doppelbock, Doppelherz und Doppelfehler. Integrationsfähige und -willige Türkenkinder sollten die Flinte nicht mehr ins Korn werfen, sondern ins Doppelkorn. Die Hessen haben unseren Sympathieträger Hans Eichel aus dem Amt gejagt und lassen sich jetzt von einem Bembelcharismatiker namens Koch repräsentieren. Wenn Ihr Euch den mal genau anseht, werdet Ihr feststellen, in dessen Gesicht fehlt eigentlich nur ein kurzer Rüssel, und man könnte ihn ohne weiteres in den nächsten Schweinestall sperren. Wir haben es da mit einem konturlosen Zumutungspolitiker ohne jede Transparenz zu tun. Aber ich will das jetzt hier nicht weiter kommentieren, wir werden das in aller Ruhe besprechen. In der Tatsache, daß Boris Jelzin am selben Tag, als dieser Herr Koch hessischer Ministerpräsident wurde, mit Atomraketen drohte, sehe ich zwar keinen direkten Zusammenhang, möchte ihn aber auch nicht in Abrede stellen. Gewisse Disziplinlosigkeiten kann man eben nie ganz ausschließen. Darüber wird zu reden sein, wir müssen und werden da nachbessern.

Also, Hessen hat gewählt. Nur – wen interessiert das? Wer

hat den Leuten dort überhaupt das Wahlrecht gegeben? Dieses hessische Volk, das gar nicht zu erkennen vermag, welchen Segen eine doppelte Parteimitgliedschaft, eine doppelte Religionszugehörigkeit und die doppelte Legasthenie an den Schulen mit sich bringt, hatte doch gar keine Wahl. Man weiß doch, wer in Frankfurt und von Frankfurt aus regiert, und daß ein hessischer Ministerpräsident weniger Durchblick hat als der Fensterputzer der Deutschen Bank.

Hessen hat gewählt – das ist für die deutsche Bundesregierung ohne jede Relevanz oder Bedeutung, denn: Grönland hat gewählt – das ist 'ne Meldung und international betrachtet von historischer Dimension, weil: In Grönland sind die regierenden Sozialdemokraten trotz leichter Verluste an der Macht geblieben. Da ist nicht eine glubschäugige Küchenhilfe aus dem Iglu gekrochen, um irgendwelche Ranzigkeiten mit dem Blubb zu köcheln, da kann sich nicht jede hergelaufene Kaltmamsell einfach Koch nennen, nein, in Grönland heißt der Ministerpräsident Motzfeldt. Darunter kann man sich doch wenigstens was ansatzweise Revolutionäres vorstellen, also wenigstens so was wie Scharping, wenn er mit geblümten Sofakissen wirft.

Und was vielleicht noch wichtiger ist als Grönland: Auch in Nunavut ist gewählt worden.

Wenn Ihr mal zur Kenntnis nehmen wollt: In Nunavut leben 25 000 Menschen auf 1,9 Millionen Quadratkilometern in der Arktis. Die Wahlbeteiligung lag bei 88 Prozent – also wahrscheinlich ein Wahllokal pro Einwohner. Im Parlament sitzen 19 Abgeordnete insgesamt, davon eine Frau. Ich wette, die kocht Walgulasch und trägt Babyrobbenfelle.

Die Hauptstadt von Nunavut ist Iqaluit. In Nunavut und Iqaluit spricht man Inuktitut, und Nunavut heißt übersetzt »Unser Land«.

Was Hessen auf Inuktitut übersetzt heißt, weiß niemand. Interessiert mich auch nicht – in Nunavut haben Hessen den gleichen Stellenwert wie Kurden, sie stehen weit unter den Polarhunden, auf der Stufe von Moosen und Flechten.

In Nunavut wohnen Inuit. Die Hessen kennen die Inuit als sog. Eskimos, dabei heißen sie im Plural die Eskimo, was ja auch logisch ist, denn die Eskimo nennen die Hessen ja auch nicht die Hessens oder die Deutschen die Deutschens.

Also, Leute, in Nunavut spielt die Musik – die Hessenwahl können wir als rassistisch grundierte Spießerhysterie abhaken. Und wenn Ihr weiter von einer »Krise der Sozialdemokratie« faselt, dann müßt Ihr mal zur Kenntnis nehmen: Das kann man mit mir nicht machen.

Gerd.

Anfang März 1999

Die Damen RADCKE & RÖSTEL, *die sog. Doppelspitze von Bündnis 90 / Die Grünen, verfassen ein Strategiepapier als Diskussionsgrundlage zur Überwindung der inneren Zerrissenheit.*

Liebe Freundinnen und Freunde!
In einer immer komplizierter werdenden Welt möchten wir einige Argumentationshilfen und Denkanstöße bündeln, die wir jetzt aber nicht zerreden sollten.

Die Ganzheitlichkeit unserer Koordinaten ist im konkreten Spannungsfeld von Komplexität und neuer Nachdenklichkeit nicht immer grenzüberschreitend ausgelotet worden. Aber: Mit unserer Aktion zur Anhebung des Benzinpreises auf 5 Mark pro Liter in den nächsten 10 Jahren haben wir unseren Essentials ein Sahnehäubchen aufgesetzt, was ja voll im gesellschaftlichen Trend liegt.

Als kompakte Kompetenzbewältigung erwies sich auch die vertrauensbildende Maßnahme eines grünen Polizeipräsidenten, der dafür sorgte, daß ein von 30000 Polizisten beschützter Atommüllzug mit 6 Castor-Behältern das atomare Zwischenlager in Ahaus erreichte.

Einen flächendeckenden Strukturanreiz bildete auch unser Vorstoß, den Deutschen die Urlaubsreise mittels Flugzeug zu vermiesen. In zahlreichen Dankschreiben aus der Bevölkerung standen immer wieder dieselben Sätze: »Wer will denn schon im Auslandsurlaub Deutsche treffen? Vor allem die mit der weißen Schiebermütze, im Hawaihemd und in der kurzen Hose unter der Hängewampe, oder jene Damen, die eine Hotelliege für einen Milchdrüsengrill halten und der Meinung sind, je abgeblühter meine Gewebestruktur, desto mutiger muß ich sie der Öffentlichkeit entgegenrecken.« Oder aber: »Nörgelnde Sachsen, krakeelende Rheinländer und ähnliche Frohsinnsterroristen an den Stränden der Dominikanischen Republik: Es ist höchste Zeit, daß das über hohe Flugpreise unterbunden wird.«

Viele Menschen fanden es begrüßenswert, daß die Grünen offen ihre Positionen vertreten, und ihre Wählerschaft nicht nur in Playa Ingles oder auf Ballermann 6 suchen.

In der Zuschrift eines Lehrerehepaares hieß es: »Danke, Ihr Grünen, daß Ihr mal darauf hinweist: Nur wer von Hause aus an Luxus gewöhnt ist, benimmt sich auch in der Fremde angemessen.« Und eine Heilpraktikerin aus Tetenbüll schrieb: »Ich wünsche mir, daß Ihr Euch auch weiterhin um Ökoschnickschnack und Menschenrechtsklimbim kümmert. Vielleicht gelingt es den Grünen ja sogar, Krötenwanderwege bei Raketenbeschuß zu überdachen, oder Nichtraucherzonen im Schützengraben und eine 50-Prozent-Quote für Frauen bei den Gefallenen durchzusetzen, oder die Anschnallpflicht für Radfahrer und eine Geschwindigkeitsbegrenzung für Schalterangestellte bei der Post einzuführen.« Auf diesem Politikfeld sind wir jedenfalls nah an den Menschen dran.

Im Vorfeld der globalen Vernetzung haben wir unseres Erachtens aber weiterhin partielle Defizite, die angedacht werden müssen, bevor wir sie ausdiskutieren. Besonders im internationalen Beziehungsgeflecht haben wir einen strukturellen Klärungsbedarf in der Herangehensweise.

Zwar sind nach unserem Selbstverständnis die Serben keine Kurden, aber Schlächter und Terroristen kann man von Fall zu Fall auch schon mal fundiert in einen Topf schmeißen.

Ob es sich bei Bagdad und Belgrad um dieselbe Stadt handelt, wird gerade von Joschka abgeklärt, auf jeden Fall bemühen wir uns um eine Podiumsdiskussion zwischen Rupert Neudeck und Dany Cohn-Bendit zu diesem Thema.

Ob es sich bei den Albanern um Drogenhändler und Waffenschieber handelt oder um Freiheitskämpfer, die bei Bedarf noch gebraucht werden, muß eine Einzelfallprüfung ergeben.

Wir als Bündnis 90/Die Grünen sollten akzeptieren, daß sich Menschen- und Völkerrecht zur Zeit im Besitz der USA befinden, wo sie im amerikanischen Generalstab endgelagert sind. Und dort hat unser Joschka einen optimalen Einfluß mit systemübergreifenden Aufstiegsaktivitäten.

Wie Joschka in seiner letzten Rede in der Frankfurter Batschkapp schon sagte: Es verdient unsere Bewunderung, wie die amerikanische Zivilisation in der Lage ist, sich Respekt zu verschaffen. Für jeden bei Bombenanschlägen getöteten Amerikaner jagt der amerikanische Präsident eine millionenteure Rakete los, an jeden Punkt der Erde, egal, wohin. Und die Vormacht des Westens wird sich auch nicht scheuen, ein Kinderkrankenhaus zu zerbröseln, wenn sie aus sicherer Quelle erfahren hat, daß dort ein zukünftiger Terrorist im Brutkasten liegt.

Diese Souveränität im Umgang mit der eigenen Geschichte muß in Zukunft auch der Maßstab deutscher Großmachtpolitik sein.

Andererseits gilt unsere uneingeschränkte Solidarität dem russischen Volk, das immer wieder versucht, mit Hilfe von geplatzten Wechseln und nicht bezahlten Rechnungen den Kapitalismus doch noch in die Pleite zu treiben. Wir meinen, auch Stalin wäre heute glücklich und stolz auf sein Land, weswegen wir uns ganz eindeutig von diesen Leuten distanzieren. –

Zur Zeit stehen wir Deutschen mal wieder eindeutig auf Seiten der Opfer: Unsere Büros verwüstet, Glastüren zertrümmert, Pflanzen entwurzelt, Akten zerfetzt und Computer aus dem Fenster geworfen. Der Kurde ist außer Kontrolle. Die PKK verursacht Chaos und Terror. In der SPD-Parteizentrale von Hamburg haben Öcalans Kämpfer sogar ein Bild von Willy Brandt mit Filzstiften beschmiert. Deutschland befindet sich im Zentrum der kurdischen Großoffensive. »Wehrloses

Deutschland« oder »Armes Vaterland« – so lauteten die Schlagzeilen, für die wir volles Verständnis haben.

Wir möchten aber auch darauf hinweisen, daß die Frage deutscher Waffenlieferungen an die Türkei in diesem Zusammenhang keine Rolle spielt, denn hinsichtlich der Frage, ob die kurdischen PKK-Kämpfer von israelischen Sicherheitsbeamten mit Uzis erschossen werden oder vom türkischen Militär mit Heckler & Koch, besteht in der Koalition kein einheitlicher Bewegungsraum.

Wir begrüßen ausdrücklich, daß deutsche Gerichte hart und schnell gegen die PKK durchgreifen, was bei deutschen Hooligans und Naziskinheads ja nicht immer gelingen kann, weil die elternhaus-, bildungs- und arbeitsmäßig so arm dran sind, daß die Staatsanwaltschaften ihnen immer erstmal eine günstige Sozialprognose konzedieren müssen.

Trotzdem warnen wir vor einer Personalisierung der Debatte, auch wenn wir ganz klar eine historische Koinzidenz im Auftreten von Schnurrbartträgern erkennen können (Hitler, Stalin, Saddam, Öcalan, Möllemann, Grass, Trittin).

Wir plädieren für eine bundesweite Kampagne, in der wir insbesondere fordern, 500 000 von Otto Schily persönlich gefesselte Kurden sollen aus Frachtmaschinen der Bundeswehr, die von Rudi Scharping eigenhändig pilotiert werden, ohne Fallschirm über Ankara abgeworfen werden, damit die Türken endlich ihren unabdingbaren Verpflichtungen nachkommen und die Kurden mit offenen Armen aufnehmen.

Abschließend möchten wir noch darauf eingehen, welche Interpretationsspielräume uns das Luftfrachtproblem läßt: Ein Nato-General, der als verschnürtes Bündel mit Paketklebeband auf den Augen aus dem Kosovo nach Belgrad expediert wird, könnte eine relevante Dynamik im humanitären Bereich entwickeln. In diesem Fall müssen wir schon im Vorfeld klarstellen, daß Jürgen Trittin keine Schuld in dieser Managementfalle trifft.

Milosevic in Fesseln im Flieger nach Den Haag würde uns

positiver positionieren als ein eingeschweißter Salman Rushdi auf dem Flug nach Teheran zu den Ayathollas, oder Saddam Hussein, in Geschenkpapier mit Schleife festlich verpackt, womöglich mit Drogen vollgepumpt, im Flieger Richtung Washington. In allen drei Fällen sollten wir aber darauf dringen, daß Jürgen Trittin und die Fraktion mit einer Stimme sprechen.

Eine proper eingewickelte Madeleine Albright im Doppelpack zusammen mit Joschka Fischer auf dem Flug nach Bagdad – das wiederum ist nur ein geschmackloser Scherz, wahrscheinlich aus der PDS-Ecke.

Wir geben zu: Der Öcalan ist uns, wahrscheinlich wegen seiner Ähnlichkeit mit Jürgen Trittin, nicht so unsympathisch, wie er es eigentlich sein sollte. Jürgen und Öcalan – beide sind irgendwie Prototypen des politischen Flüchtlings. Wir sind dafür dankbar, daß die Türken bislang nur Öcalan in die Finger gekriegt haben, halten uns aber diesbezüglich alle Optionen offen.

Daß die Türken Öcalan in Gewahrsam haben, verdanken sie vor allem Joschka, Otto Schily und Herta Däubler-Gmelin. Die drei hätten ihn ja auch selbst einsacken können.

Der türkische Staat wird Öcalan eine angemessene Behandlung zuteil werden lassen. Wir tippen auf Lungenentzündung, Herzinfarkt oder Selbstmord, also die übliche türkische Militärfolklore. Wenn nicht, werden sie ihn zum Tode verurteilen. Wir empfehlen Otto und Herta, sich dann die Hinrichtung anzusehen. Joschka bitten wir in diesem Fall, einen Tag lang in den Spiegel zu schauen, zweifeln aber nicht daran, daß dadurch bei ihm nichts wegbricht.

Wenn Öcalan nicht hingerichtet, sondern nur eingesperrt wird, muß Antje Vollmer ihn besuchen und ihm einen Aufnahmeantrag und eine Solidaritätsadresse von Bündnis 90/Die Grünen überreichen, weil kein Zweifel daran bestehen kann, daß ihm in absehbarer Zeit alle Welt in den Arsch kriechen wird: Stoiber will mit ihm aufs Foto, Beckstein sagt

»samma wieder guat?«, der Papst empfängt ihn in Privataudienz, der Kanzler lädt ihn zu 'ner Currywurst zu sich und Doris nach Hause ein, es gibt Benefizkonzerte, und dann kriegt Öcalan den Friedensnobelpreis, weil, mit Mandela und Arafat ist es genauso gelaufen.

Wir hoffen, dieser Ausfluß unserer Überlegungen findet bei Euch ein lebhaftes Echo, und wünschen Euch allen Mut, Kraft, Zuversicht und Glück! Mögen alle Eure Sehnsüchte, Erwartungen, Träume, Hoffnungen und Ängste in Erfüllung gehen!

Eure Gunda & Antje.

Ende März 1999

WERNER MÜLLER, *Wirtschaftsminister, vertreibt sich die Zeit – parteilos zu sein erspart die Konfrontation mit der Basis – mit der Anfertigung einiger Notizen für seine Memoiren, die mit Zustimmung der Firma Siemens unter dem Titel »Wie ich wurde, was ich blieb« erscheinen werden.*

Anfang März hat sich Oskar Lafontaine verkrümelt: Eine kleine Turbulenz im Inneren der Blähung. Er hat natürlich gewußt, daß es im Kosovo krachen würde, und da hat er gekniffen, um sein linkes Image nicht zu beschädigen. Eichel ist jetzt Kassenwart. Ein staubtrockener Erbsenzähler.

Lafontaines Beispiel zeigt: Man darf die eigene Wertigkeit nicht überbewerten. Lafontaine wollte gegen den Willen der Bundesbank die Leitzinsen senken. Mein Gott, hat er dafür Prügel bezogen. Kaum war er weg, hat die Bundesbank das freiwillig gemacht. Begründung: Wir konnten das vorher nicht tun, weil Oskar das wollte. Merke: Kanzler und Minister sind weisungsgebunden, nicht weisungsbefugt.

Menschlich gesehen war der Kollege Lafontaine problematisch: Daß seine Kontakte ins Rotlichtmilieu publik wurden, bewies eine gewisse kleinbürgerliche Verwahrlosung, aber wie er sich dann mit einem maßgeschneiderten Pressegesetz selbst unter Artenschutz stellte – das hatte Stil. Für den Mittelstand ist es ein positives Zeichen für die Zukunft, daß er weg ist. Jetzt kann ich eher darangehen, das Verbot der Kinderarbeit und den Mutterschutz aufzuheben.

Die Wachstumshysteriker stehen voll im Saft. Natürlich weiß ich: Das einzige System, das permanent wächst, ist das Krebsgeschwür. Alle anderen Systeme nähern sich nach einer Wachstumsphase ihrem Endzustand. Aber das laut zu sagen disqualifiziert einen weltzugewandten Wirtschaftsminister. Ich plädiere weiterhin für ein Arbeitgeberförderungsgesetz.

Herr Schröder unternimmt kolossale Anstrengungen, gesellschaftliche Anerkennung zu erlangen und nicht als Emporkömmling zu erscheinen. Diese Strebsamkeit hat gelegentlich etwas Anrührendes, etwa, wenn seine Vorzimmerdamen ihn überreden müssen, die Preisschilder seiner italienischen Designer-Anzüge nicht außen zu tragen.

Mir wäre es recht, daß jedesmal, wenn der Kanzler sich einen neuen Anzug kauft, eine signifikante Zahl von Sozialhilfeempfängern beschließt, aus dem Leben zu scheiden.

Herr Schröder wollte vermutlich nie mehr sein als ein Popstar, der vor den Kameras der Welt seine Richtlinien tanzt. Er hat alles erreicht, was für ihn möglich war. Mehr war nicht drin. Sein Weltbild ist sehr schlicht. Immerhin hat er erklärt: »Wenn man die Wirtschaft als Bündnispartner für mehr Arbeit möchte, muß man die Stimmung da verbessern.« Seitdem wird jede Sitzung des Bündnisses für Arbeit mit einem Dutzend niedersächsischer Blondinenwitze aufgelockert.

Schröders Selbstüberschätzung wird deutlich, wenn er sich selbst als »Koch« und seine Tätigkeit als »Chefsache« bezeichnet, obwohl er nur serviert, was die Atomindustrie kocht. Wer in Deutschland etwas erreichen will, redet tunlichst nicht mit dem sog. Kanzler, sondern gleich mit einem seiner Vorgesetzten aus der Energiewirtschaft.

Die sog. Konsensgespräche machen vor allem eines deutlich: Regierungsarbeit darf Unternehmerverbände nicht belästigen. Wenn Veränderungen notwendig sein sollten, sind diese so zu gestalten, daß sie niemandem auffallen. Credo: Die vielbeschworene Sicherheit der Atomindustrie bezieht sich ausschließlich auf die Aktionärsgewinne. Alle wissen und akzeptieren das. Es ist uns gelungen, Standortlogik und Globalisierungszwänge im öffentlichen Bewußtsein als Naturgesetze zu verankern.

Der einzige, der noch ein bißchen dagegen aufmuckt, heißt Jürgen Trittin. Eigentlich mag ich das Durchgeknöpfte an ihm, aber Trittin tritt auf, wie Ammoniak riecht. Er hat nicht die joviale Trinkerausstrahlung von Rezzo Schlauch und auch nicht die Staatsschauspielerattitüde von Joschka Fischer. Wenn Jürgen Trittin Reden über Sonnenblumenkernspaltung hielte und Energy-Drinks zur Lösung aller Probleme empfehlen würde, wenn er ein Sonnenanbeter wäre – Solarien und Soleier für alle, Sonnenmilch für die Kinder –, er bekäme auch erstklassige Noten. Aber der Mann ist ungemütlich. Er glaubt doch allen Ernstes durchsetzen zu können, was der Koalitionsvertrag vorsieht: Den Ausstieg aus der Atomenergie. Das will die Mehrheit der Deutschen auch – aber bitte nicht so wie dieser terroristische Wachtelkönig: schneidend, sarkastisch, arrogant. Sondern bitte sanft, unmerklich und ohne jeden Konflikt. Soft, wie ich es bin.

Trittin ist der Leibhaftige, ein richtiger Buhmann. Eine »peinliche Fehlbesetzung« heißt es in diversen Zeitungen, ein »Fiasko« und »risikoreicher als die Atomkraft«. Er schwankt »zwischen Dilettantismus und Fanatismus«, und er ist ein »Störfall«. Er vor allem beeinträchtigt das Harmoniebedürfnis unseres Gänseblümchenvereins mit dem verblichenen Grün in der Fahne, der am liebsten Korkenversenken spielt. Die wollen ja nur ein bißchen liebgehabt werden. Es ist schon grotesk: Die grünen Freundinnen und Freunde wollten mal aus dem sog. Atomwahnsinn aussteigen wegen der ungelösten technischen Probleme: unsichere Reaktoren, strahlende Castoren, unauffindbare Endlager. Und jetzt wollen sie von der Regierungsbank aus diese technischen Probleme der Industrie lösen ... Dann dürfen wir wohl hoffen, daß diese Kaspertruppe auch die nächste Autoserie, die ständig umkippt, von dort aus auf die Räder stellen will.

Die Grünen haben auf Dauer nur eine Chance: geschlossen in die SPD einzutreten, aus deren Umfeld die meisten von ihnen sowieso stammen. Wenn sie erst alle wieder Sozialdemokraten sind, können sie mit der FDP koalieren und trotzdem an der Regierung bleiben. Und als neue Argumentationslinie empfehle ich: Es hat sowieso keinen Zweck, deutsche Atomkraftwerke dichtzumachen, so lange rings herum die AKWs unserer Nachbarn alle voll am Netz hängen.

Ich bin ein erbarmungsloser Verehrer der Grüninnen, also der grünen Frauen. Frau Röstel ... Frau Röstel – jahrelang habe ich an meinem Frauenbild gearbeitet, und nun die ... Und Frau Radcke! Frau Radcke schläft offenbar genauso wenig wie ich, das sieht man ihr an. Radcke & Röstel: Das nennen die Doppelspitze. Und keiner lacht. –

In letzter Zeit sind zahlreiche Grüne aus den Grünen ausgetreten, weil die Grünen aus der Friedensbewegung ausgetreten sind. Andere wollen weiterhin kritisch mitmachen – so nennt man freidemokratisches Pfründenleasing außerhalb der FDP: »Kritisch mitmachen.« Mein Rat in dieser Angelegenheit: Auch wer ohnmächtig ist und in einer Zwangsjacke steckt, kann sich durchaus geborgen fühlen.

Ich überlege, Herrn Trittin zum 50jährigen Bestehen seiner Partei im Jahre 2030 erstmalig die Stillegung eines Atomkraftwerkes zu schenken, wenn Siemens mir dafür grünes Licht gibt.

Die Führungsqualitäten von Hans-Olaf Henkel, dem Präsidenten des Bundesverbandes der Deutschen Industrie, muß man wohl auch heftig anzweifeln. Er schreibt: »Deutsche Kernkrafttechnik darf schon allein deshalb nicht vernichtet werden, damit wir unsere Sicherheitstechnik – die weltweit beste – den Betreibern der 427 laufenden und der 46 im Bau oder in der Planung befindlichen Kernkraftwerke auch in Zukunft anbieten können.« Das heißt übersetzt: Wir brauchen weltweit viele marode KKWs kurz vorm Gau, wenn wir gute Geschäfte machen wollen. Das ist zwar richtig – aber muß man das ausplaudern? Ebenso könnte der Kollege Schily die Forderung nach mehr Terroristengruppen erheben, damit seine GSG 9 sich bezahlt macht.

Voraussagen zu treffen, wie es wohl mit den großen Fusionen weitergeht und welche Konfusionen daraus entstehen werden, ist schwierig. Es würde mich nicht überraschen, wenn die Spielbank von Wiesbaden, die Freibank von Altona und die Bank von England fusionieren. Vielleicht übernimmt Pelikan Microsoft und die russische Mafia das FBI, und eventuell gehen der FC St. Pauli und Manchester United zusammen.

Ich wäre nicht einmal überrascht, wenn Monica Lewinsky und Gerhard Schröder in Havanna gemeinsam einen Zigarrenladen aufmachen.

Was sich da auch immer entwickelt – ich denke, die Arbeitgeber werden mit ihrem Verantwortungsbewußtsein auch weiterhin die Zukunft unseres Volkes sichern. Man muß ja bedenken: Die Gewinne der Metallwirtschaft sind zwischen 1977 und 2000 lediglich von 16 auf 31 Milliarden Mark gestiegen, die Reallöhne aber seit Ende der 80er Jahre um nicht mehr als etwa 10 Prozent gesunken. Jeder neoliberale Geist weiß, die Gewinne von heute sind die Investitionen von morgen, und die wiederum sind die Arbeitsplätze von übermorgen. Warum das in den vergangenen 16 Jahren nicht funktioniert hat, das ist für mich eins der großen Wunder unserer Zeit.

Trotzdem wünsche ich mir – weiter so, Deutschland!

Anfang April 1999

JENS-PETER NIELSEN, *aus den Grünen ausgetretener Juso, dokumentiert sein Unverständnis im Internet.*

Hallo Leute!

Heute frage ich mich: War die Bundestagswahl vom 27. Sept. 98 eigentlich ein Militärputsch? Ich habe den Eindruck: Das einzige, was Rot/Grün bisher geleistet hat, war, in den Krieg zu ziehen. Ist das falsch?

Herr Clinton steht am Rednerpult, währenddessen sitzt Herr Milosevic auf seiner Polstergarnitur und wartet darauf, daß es wieder einschlägt. Vielleicht sollten die beiden mal tauschen?

Ich verstehe die mörderische Politik von Milosevic nicht. Aber die moralische Selbstgefälligkeit unserer Regierung verstehe ich auch nicht. Man muß sog. ethnische Säuberungen und Menschenrechtsverletzungen verhindern. Da verstehe ich Günter Grass.

Aber Serbien hat auch ein Recht, sich gegen die Nato zu wehren. Da verstehe ich Peter Handke.

Jahrelang haben mich unsere Medien genötigt zu verstehen, daß die Kosovo-Albaner nichts anderes sind als Messerstecher und unkontrollierbare Outlaws mit den Spezialgebieten Bandendiebstahl, Zuhälterei, Straßenraub und Schutzgelderpressung. Schließlich habe ich verstanden: Der Kosovo-Albaner als solcher ist vollkommen unfähig, Frieden zu halten, und die UCK ist eine Terroristentruppe, die sich durch Drogenhandel finanziert. Im Berliner Kurier konnte ich sogar lesen: »Kosovo-Albaner drohen Serben mit Krieg.«

Den Imagewechsel vom Kosovo-Finsterling zum albanischen Liebling verstehe ich nicht: Bild titelt »Wir nehmen sie auf« und »Herzlich Willkommen« und holt die »kleine Albenite aus der Hölle«; Harald Juhnke und Uli Hoeneß spenden, und die Berliner BZ verspricht: »Kosovo-Junge, wir helfen dir.«

Woher plötzlich dieses Verständnis? Ich versteh's nicht.

Ehrlich, ich habe mich bemüht, die Vorgänge in Rambouillet zu verstehen: Der Serbe hat das sog. Abkommen nicht unterzeichnet. Na und?

Ein Abkommen schließt man nach Verhandlungen. Wenn Verhandlungen scheitern, gibt's kein Abkommen, das man unterzeichnen kann. Aufs bürgerliche Leben übertragen, muß ich das wohl so verstehen: Ich führe als Hauseigentümer Verhandlungen über die Vermietung einer Wohnung, zum Abschluß eines Mietvertrages kommt es aber nicht, weil der Mieter das Hausrecht über den ganzen Wohnblock und Zutritt zu allen anderen Wohnungen beansprucht.

Verstehe ich das richtig, wenn ich sage: Nach dem Scheitern der Verhandlungen haut mich der gescheiterte Mieter auf die Fresse und verschafft sich gewaltsam Zutritt?

Ich verstehe, daß dem Westen ein militärischer Stützpunkt auf dem Balkan wichtig ist, um den Zugang zu den Rohstoffen in Zentralasien zukünftig zu sichern. Da verstehe ich unsere Wirtschaft.

Ich verstehe aber nicht, warum ausgerechnet ein Militärapparat mir einreden will, das hätte was mit Menschenrechten zu tun.

Ich muß wohl verstehen lernen: Menschenrechte sind unteilbar – es sind schließlich unsere.

Ich verstehe ja, wenn Joschka Fischer den Antifaschismus mit Massenvernichtungsmitteln vorantreiben will. Aber wenn er sagt: »Wenn auch nur ein Viertel von dem stimmt, was wir hier Furchtbares sehen …«, dann verstehe ich nicht, warum man uns dann nicht nur dieses eine Viertel zeigt.

Ich verstehe, daß die Mehrheit des Volkes eindeutig hinter den friedensfördernden Aktionen der Nato steht. Und ich verstehe auch: Wer von Bombardierung spricht, verhöhnt die westlichen Werte. Bombenwerfen ist nicht unbedingt Krieg, denn Schwanzlutschen ist ja auch nicht unbedingt Sex.

Ich verstehe aber nicht: Wenn wir so reich sind, daß wir es uns leisten können, unsere Steuern in Form von Bomben und Raketen einfach über fremden Ländern abzuwerfen, warum sind wir dann zu arm, um mehr als 10000 Flüchtlinge aufzunehmen?

Nun soll ich verstehen: Zelte im Matsch, zahnlose Greise auf dem Trecker und weinende Frauen sind Information, wohingegen zerschossene Züge oder LKWs mit herumliegenden Leichen als Propaganda zu gelten haben. Und riesige KZs in Stadien sind gesicherte Information, aber zerbombte Wohnviertel, Fernsehsender und Krankenhäuser sind Manipulation und antiwestliche Hetze.

Also, Leute, ich habe mir einige Fragen gestellt, und die habe ich mir auch gleich selbst beantwortet, weil ich mich mit niemandem so gut verstehe wie mit mir:

1. Was ist eigentlich eine humanitäre Katastrophe? Übersetzt heißt das ja »eine menschenfreundliche Katastrophe«. Ist das so was wie ein frohlockendes Massengrab?

(Da mußt Du die Generale fragen.)

2. Wo kann man Farbfotos, Dias oder Videos beziehen, die eine Familie aus dem Kosovo zeigen, die ganz fröhlich ist, weil die Menschenrechtsbomber ihr wirklich geholfen haben?

(Da mußt Du die Piloten fragen.)

3. Sollten Kinder grundsätzlich aus pädagogischen Gründen ihre Nächte in Luftschutzbunkern verbringen, damit später mal tolerante Demokraten aus ihnen werden?

(Da mußt Du Deine Mutter fragen.)

4. Geld ist doch weltweit der Problemlöser Nr. 1 – warum hat der internationale Finanzmarkt das Balkan-Problem nicht finanziell geregelt? Ich meine, Borussia Dortmund kauft Bobic

und Stevic – da werden sich ein oder zwei Konzerne doch wohl den Milosevic leisten können, oder?

(Da mußt Du Uli Hoeneß fragen.)

5. Sind von Friedensgranaten zerstörte Elektrizitäts- und Wasserwerke, Straßen, Brücken, Eisenbahnlinien und Fabriken gedacht, um in Jugoslawien eines Tages ein Wirtschaftswunder anzukurbeln?

(Da mußt Du die europäischen Wirtschaftsminister fragen.)

6. In wessen Auftrag hat die Nato Tabak- und Autofabriken und die chemische Industrie in Serbien plattgemacht?

(Da mußt Du Greenpeace fragen.)

7. Könnte man die Kosovo-Albaner nicht mittels finanzieller Anreize zwingen, zivilisiert, mit richtigen Möbelwagen, in das Gebiet umzuziehen, aus dem die Kroaten die Serben vertrieben haben?

(Da mußt Du Hans-Dietrich Genscher fragen.)

8. Gibt es eigentlich einen qualitativen Unterschied zwischen einem vertriebenen Albaner und einem Afrikaner, der gefesselt und geknebelt von deutscher Polizei gewaltsam in ein Folterland abgeschoben wird?

(Da mußt Du Otto Schily fragen.)

9. Warum hat Rudolf Scharping uns noch in keiner Talkshow die Frage gestellt: Wollt Ihr den totalen Luftschlag?

(Da mußt Du jemand anderen fragen. Alles kann ich auch nicht wissen.)

O.k., wenn Euch dazu noch was einfällt, meldet Euch mal. Und wenn Ihr mich fragt, wie lange ich diese ganze Scheiße eigentlich noch mitmachen will, sage ich: Noch lange! Ich will schließlich noch erleben, daß die Nato auch Bayern München fertigmacht. Wow.

Jens-Peter.

Mitte April 1999

PETER STRUCK, *der pfeiferauchende Fraktionsvorsitzende der SPD im Bundestag, Träger eines Kopfes, der verblüffende Ähnlichkeit mit einem Deoroller aufweist, schreibt an seinen Motorradhändler Hermann Schadewald in Celle.*

Grüß Dich, Hermann, alter Junge!
Erinnerst Du Dich an unser letztes Gespräch, als wir die Kolbenrückholfedern in meiner Maschine erneuert haben? Wir sprachen über das, was bei der Bundesbahn geschieht.

Das sei ein völlig unfähiges, überteuertes, unpünktliches Schreckensszenario, sagte ich, und Du meintest, die einzigen Züge, die derzeit nicht entgleisen, sind die Gesichtszüge des Herrn Ludewig, wenn er seine Dienstfahrten im Auto absolviert. Dann sagtest Du, Ludewig will angeblich alles besser machen, nämlich Service und Geschwindigkeit erhöhen, dafür aber noch ein paar tausend Leute entlassen, und wie das wohl funktionieren soll? Ob es dann nicht besser wäre, alle zu entlassen, um dadurch endlich die ultimative Wirtschaftlichkeit des Unternehmens zu erreichen?

Deine Worte sind mir immer wieder durch den Kopf gegangen, und letzte Woche habe ich einen echten Selbstversuch unternommen: mit der Bundesbahn von Celle nach Rostock. Und da muß ich Dir jetzt sagen: Auf längeren Strecken ist die Bahn echt bequemer als meine BMW. Die Leute haben mich nur blöde angeguckt wegen der Lederklamotten. Hätte ich vielleicht ausziehen sollen, aber dann habe ich nicht mehr dieses Organspenderfeeling wie als Biker. Und damit mich niemand erkennt, habe ich während der ganzen Reise einfach den Helm aufbehalten.

Ich fand's spannend in der Bahn, weil ja die Polizeigewerkschaft mitgeteilt hatte: Auf manchen Strecken geht es zu wie im Wilden Westen. Vor allem in ICE-Zügen wird hemmungslos geschlagen, getreten, zugestochen und geklaut. Mir ist nix passiert, aber ich versteh die Leute: Wenn ich soviel bezahle, kann ich mich benehmen, wie ich will. Und was das Klauen angeht: Irgendwie müssen die Fahrtkosten, die sich den Flugpreisen immer mehr angleichen, ja wieder reinkommen.

Jedenfalls, ich kann nur sagen: Mein RE 4711 Mathilde Ludendorff von Celle nach Rostock ist planmäßig, ohne Sach- und Personenschaden, am Tag seiner Abfahrt auch angekommen. Weder das Wetter noch die Radlager oder Selbstmörder konnten die Reiseroute beeinflussen. Da kann ich dem Kollegen Franz Müntefering nur ein Kompliment aussprechen, obwohl seine Frisur immer noch so aussieht, als sei sie unter einen Güterzug geraten. Der Franz ist jetzt so drin in seinem Job, daß er schon in Erwägung gezogen hat, den Fahrpreis bei Bahnreisen erst nach der Ankunft zu erheben – mit Preisnachlaß für jede Minute Verspätung. Also, die Zeiten, wo Eltern zu ihren Kindern sagten: Ich habe dir ausdrücklich verboten, mit der Bahn zu fahren – die sind vorbei. Ich fahre in Zukunft wahrscheinlich nur noch Bahn, vorausgesetzt, ich darf mein Motorrad mit ins Abteil nehmen. Denn das beste an der Bahn ist wirklich ihr Tempo! Von Celle nach Rostock in knapp 5 Stunden! Das bedeutet umgekehrt natürlich auch, daß die Rostocker in knapp 5 Stunden bei uns in Celle sein können, und wer will das schon …

Nun zu Deiner anderen Frage, was die 630-Mark-Jobs Deiner Frau angeht: Ich schau da auch nicht hundertprozentig durch. Aber sie soll das machen, weil es für unsere Unternehmer sehr lukrativ ist. Denn nicht wenige Festangestellte werden unserer Wirtschaft den Aufschwung bringen, sondern möglichst viele geringfügig Beschäftigte, weil die billiger sind.

Sieh dir Amerika an: Da schuften sich die Leute in 5 oder 7 Teilzeitjobs platt, aber sie treiben die Aktienkurse damit auch in schwindelerregende Höhen. Ich meine, Deine Frau muß ihren jeweiligen Arbeitgebern ihre Steuerkarten ja nicht aufdrängen, dann läßt sich da auch was regeln. Leute wie Momper, die ihre schwarze Putzfrau polnisch beschäftigen, nein, ihre polnische Putzfrau schwarz, die gibt's doch haufenweise. Und weißt Du, was für dich das Gute daran ist? Bei einer Scheidung hat Deine Frau weder einen Kündigungsschutz noch ein Recht auf Lohnfortzahlung im Krankheitsfall noch einen eigenständigen Versicherungsschutz, geschweige denn einen Arbeitsverdienst, von dem sie ihre Existenz sichern kann. Dann guckt sie ganz schön blöde aus der Wäsche. Wenn sie dann von dir großzügigerweise Unterhaltszahlungen kriegt, dann zählt das als zusätzliches Einkommen, und sie muß ihren Verdienst aus der geringfügigen Beschäftigung auch noch versteuern. Also, die wird sich das in Zukunft überlegen mit dem dauernden Fremdgehen, das sage ich dir. Grüß sie mal schön von mir ...

Bei der Gelegenheit fällt mir ein: dpa hat gemeldet, »etwa die Hälfte« aller deutschen Busen steckt in falschen, nämlich zwickenden oder kneifenden BHs. Mal davon abgesehen, daß ich mich immer schon gern persönlich als Büstenhalter zur Verfügung gestellt habe, ist mir bei dieser Meldung doch eines unklar geblieben: »Etwa die Hälfte« von zwei ist ziemlich genau eins – oder? Du kannst mir ja mal schreiben, wie Du das siehst. –

Betreffend Deine Frage, ob ich irgendwelche Beziehungen habe, um Dein Sortiment ein bißchen anzureichern und für die Landbevölkerung attraktiv zu machen: Da empfehle ich Dir einen Blick ins Internet. Dort gibt es nämlich einen SPD-Image-Shop mit sehr attraktiven und zeitgemäßen Angeboten, zum Beispiel ein Gerhard-Schröder-Fußball-Trikot mit der Nr. 10 für 10 Mark, SPD-Bierdeckel im 300er-Pack für 30 Mark, ein SPD-Badelaken für 20 Mark, 100 SPD-Fähnchen für

9 Mark 28, SPD-Stockregenschirme im Zwölferpack für 112 Mark 75 und SPD-Gummibärchen im 300er-Pack für 80 Mark 25. Ich bin fast sicher: Jeder innovative, zukunftsorientierte Mofafahrer findet da sein ganz persönliches und unentbehrliches Zubehör …

Was Deine letzte Frage angeht, ob die deutschen Manager nicht sowieso schon zuviel verdienen und ob es gerecht ist, wenn sich der VW-Vorstand jetzt dasselbe Gehalt, aber in Euro auszahlt – da sage ich, wir müssen uns sehr vor dem berüchtigten Sozialneid hüten. Möchtest Du wirklich mit dem Piech von VW tauschen? Dann müßtest Du auch eine enge Freundschaft mit Gerhard Schröder in Kauf nehmen. Willst Du das wirklich? Ich als Politiker würde das im Notfall natürlich machen. Aber richtig erstklassige Leute nehmen die sowieso nicht in der Industrie.

Also, sei zufrieden mit dem, was Du hast. Wir müssen alle Opfer bringen. Bis bald –

Dein Piedl Struck.

Anfang Mai 1999

UWE-KARSTEN HEYE, *Regierungssprecher, schreibt an den Wirt seiner Stammkneipe »Max Waloschke« in Hannover.*

Lieber Max,
ich weiß, Du als personifizierter Zapfhahn, bist schon von Berufs wegen verschwiegen, und meistens kannst Du Dich am nächsten Morgen sowieso nicht mehr an die Gespräche der vergangenen Nacht erinnern. Und ich bin nun mal eine alte Kommunikationsnutte. Trotzdem muß ich Dir sagen, daß ich alles abstreite, was ich an Deinem Tresen in der Nacht von Freitag auf Sonntag rausgeblubbert habe. Es handelt sich dabei um Mißverständnisse oder aus dem Zusammenhang gerissene Fehlinterpretationen. Insbesondere dementiere ich mich, was folgende Aussagen betrifft:

Ich bin von Hause aus Pazifist. Für mich ist Krieg eine Waffenmesse, in diesem Fall auf dem Truppenübungsplatz Balkan. Gute Abschüsse oder Abschlüsse, die genaue Formulierung weiß ich nicht mehr, sichern die Arbeitsplätze in der Heimat, und jeder gefallene Soldat entlastet den Arbeitsmarkt. Insofern habe ich nichts dagegen, wenn unser Verteidigungshaushalt in Angriffshaushalt umbenannt wird. –

Selbstverständlich muß die Bevölkerung mit einer Bombensteuer rechnen, wir müssen schließlich alle Opfer bringen. Sogar die Jugos, die in Deutschland leben, bezahlen Steuern dafür, daß die Infrastruktur ihrer Heimat modernen Erfordernissen angepaßt wird. Die verstehen sehr gut, daß man einen ganzen Wald abholzen muß, nur um ein einziges Wildschwein zu erlegen. –

Selbstverständlich müßten wir die deutsche Luftwaffe auch einsetzen, wenn unsere Serben, also die Sorben, im Spreewald plötzlich unabhängig werden wollten. Aber ich hoffe, daß wir vorher in der Bretagne, auf Korsika und vor allem im Baskenland, also Guernica und so, noch ein wenig zum Trainieren kommen. –

Wenn Flüchtlinge in Deutschland von der Bild-Zeitung willkommen geheißen werden – dann stimmt was nicht. Aber Mitleid mit den Albanern ist völlig unangebracht: Auch bei SPD und Grünen gibt es Vertriebene. Die flüchten in die PDS. –

Die USA haben Stil. Die führen seit 60 Jahren ununterbrochen Krieg, aber nie im eigenen Land – wenn man mal von ihren Schulhöfen absieht. Bewundernswert souverän, wie der amerikanische Präsident, während sein Militär mit Waffengewalt über ein fremdes und weit entferntes Volk herfällt, am Rednerpult, den Tränen nahe, das amerikanische Erziehungsziel formuliert: Konflikte ohne Gewalt zu lösen. Die Amis gehen mit Waffen und deren Gebrauch eben ganz natürlich und unverkrampft um, das sieht man ja auch daran, daß sie ihre Kampfhubschrauber nach einem von ihnen ausgerotteten Volk »Apache« nennen. Aber deswegen müssen wir unseren Leo noch lange nicht in Isaak umtaufen. –

Nicht nur der Krieg, sondern jede Naturkatastrophe ist eine Frage des Umsatzes: Wenn Franz Müntefering, der Bauminister, dazu in der Lage wäre, würde er, um das Baugewerbe anzukurbeln, sofort die schwersten Erdbeben in Gang setzen. Aber der kümmert sich ja lieber um den seidigen Glanz der Textilfasern auf seiner Halsabdeckung. –

Scharping, der sich aufführt wie der Vorsitzende des Vereins für humanes Sterben, heizt mit seinem Nato-Tremolo in der Stimme doch nur die Stimmung auf. Wenn er den Blick in die Fernsehkamera fokussiert, sieht er aus wie ein Bonobo, und wenn er sich aufregt, wie eine Bonobo-Tunte, die gerade einen Schlaganfall überstanden hat. Aus diesem verschnarchten Sozialdemokraten konnte zwar nichts Gescheites, aber immer noch ein strammer Militarist werden. –

Der einzige, den die Nato bislang wirklich davor bewahrt hat, rausgeworfen zu werden, ist Jürgen Trittin. Ich bin gespannt, ob die grünen Flintenweiber von Jäger 90/Die Olivgrünen ihn zwingen werden, auch seine Einstellung zu öffentlichen Gelöbnissen der Bundeswehr geradezubiegen. –

Der Herr Fischer guckt immer so sorgenvoll wie ein Totenkopfäffchen beim Tierversuch. Dabei hat er als postkolonialer Hausneger im Pentagon doch einen prima Job. –

Der Kanzler läßt seinen Nebenjob als Model zur Zeit ja ruhen. Dabei hat er bereits einen Cashmere-Kampfanzug im Kleiderschrank ... Eigentlich finde ich diesen Weltenlenker aus Hannover zum Kotzen, denn er ist ein Mann, der mitten im Satz seine Weltanschauung ändert, und als er sagte, »mehr kann man nicht tun«, meinte er vermutlich, er könne nicht mehr tun, und das glaube ich ihm sofort. Aber in dieser schwierigen Situation ist er stur wie Sägemehl, und er hat mir glaubwürdig versichert, er hätte die Arbeitslosenzahl längst gesenkt, wenn ihm nicht dieser blöde Krieg dazwischen gekommen wäre. –

Ich nenne ihn nur noch »Deutschenführer Schröder«, das darf man jetzt offiziell sagen, es heißt ja auch Serbenführer Milosevic. –

Alle diese Aussagen von mir, lieber Max, verweise ich mit Nachdruck ins Reich der Fabel, und schließlich dementiere ich alles, woran ich mich nicht mehr erinnere, und selbstverständlich auch das, was ich gar nicht gesagt habe. –

Folgende Behauptungen, für deren Weiterverbreitung Du gerne sorgen kannst, erhalte ich hingegen aufrecht:

Am Balkankonflikt ist letztlich die DDR schuld mit ihrem Führer Gregor Gysi. Der ist ein Wiedergänger von Erich Honecker, der bekanntlich mit dem ruchlosen Stalinisten Adolf Hitler identisch war, und das ist eben der Vater von Milosevic.

Letztlich ist Slobodan Gysi der Irre von Bonn. Seine Frau ist die Irre von Bonn, und sein Kind das Irre von Bonn. –

Am besten, lieber Max, vergiß, daß wir überhaupt miteinander gesprochen haben, wenn Du keine Unannehmlichkeiten haben willst. Eigentlich kennen wir uns ja auch gar nicht.

Nach dem Krieg um 20 Uhr 30 schaue ich wieder bei Dir rein.

Und dann sagt wieder »hoch die Tassen« Dein Regierungssprecher

Uwe-Karsten.

Mitte Mai 1999

CHRISTIAN STROEBELE, *der Linksgrüne, beweist in einem Brief an einen Berliner Spontifreund, welch bunte Meinungsvielfalt Bündnis 90 / Die Grünen und das Regierungslager auszuhalten imstande sind.*

Grüß Dich, Kalle!

Deinen Hinweis, Grüne laufen nicht weg, weil, sie sind Mitläufer, kann ich so nicht stehenlassen: Ich stehe fest in unserer Tradition / unter dem gewohnten Druck / auf der richtigen Seite / mit dem Rücken an der Wand / auf verantwortungsvollem Posten / im Vertrauen auf meine Stärke / über den Dingen / unter Gottes Segen / im Abseits / in Joschkas Schatten / neben mir – es durch.

Das kann man von anderen allerdings nicht sagen. Mit Joschka rede ich schon überhaupt nicht mehr. Die Verbrechen im Kosovo mit Deportation und Auschwitz zu vergleichen ist ein starkes Stück. Als Historiker ist er wirklich ein Vollidiot – er weiß einfach nicht, daß es für die Juden in Nazideutschland relativ erstrebenswert gewesen wäre, »nur« außer Landes gejagt zu werden. Aber das tut der Beliebtheit dieses Herrn bei Partei und Volk keinen Abbruch, nicht mal bei den Katholen, deren Papst sich gegen die Nato-Angriffe ausgesprochen hat. Niemand kann schließlich dem deutschen Außenminister das Recht absprechen, auch den Papst für einen Faschisten und den Vatikan für die fünfte Kolonne des Nazis Milosevic zu halten … Überhaupt der Vergleich Milosevic-Hitler: Wenn der stimmen würde, dauert der Krieg so lange, bis alles in Trümmern liegt, und auf eine Kapitulation können wir lange warten …

Der Parteitag in Bielefeld war eine Katastrophe. Das einzige, was mich zwischendurch ein bißchen aufgemuntert hat, waren die Zerstörungen, die die Tornados in den USA angerichtet haben. Oklahoma City und Belgrad boten denselben Anblick: jede Menge Kollateralschäden. Ja, da kam mal wieder etwas klammheimliche Freude auf. Und das Trommelfell von Herrn Fischer war auch ein Kollateralschaden. Mich hat dabei nur die rote Farbe gestört. Warum hat der Attentäter nicht richtige Scheiße in den Beutel gefüllt? Aber was kann man schon von einem Mann im Wickelrock erwarten ...

Aber was rede ich mich in Rage. Joschka mußte wegen seiner Friedensaktivitäten sogar einmal seine Hochzeit verschieben. Er ist somit auch ein Opfer serbischer Greueltaten, ganz davon abgesehen, daß die Paparazzi ihn und seine Praktikantin am Hochzeitstage fast in den Tod getrieben hätten. Jetzt sind wir alle der festen Überzeugung, Joschka ist in Wirklichkeit eine Reinkarnation von Lady Di ...

Auch einige andere unserer Leute gehen mir unsagbar auf den Geist. Nimm nur mal unser Blitzmädel Angelika – Du kennst sie: Angelika Beer ist die friedenspolitische Sprecherin der Grünen, und sie leidet offenbar unter der Zwangsvorstellung, einen Karriereknick durch einen Knick im Rückgrat vermeiden zu müssen. Die ist wirklich der Knallkopp des Monats. Während des Golfkrieges hielt Frau Beer noch folgenden Satz für richtig:

»Wer daran denkt, Kriege als Mittel der Politik zu definieren, muß seines Amtes und seines politischen Einflusses enthoben werden.«

Frau Beer setzt ihr segensreiches Wirken trotzdem bis heute unverdrossen fort, anstatt mir ihren Job zu überlassen.

Nun aber hat sie neue Erkenntnisse: »Wir wissen, daß der Krieg auch nicht als Ultima Ratio vertretbar ist, sondern nur, wenn wir keinen anderen Ausweg mehr wissen.«

An diesem Satz siehst Du: Bei der Frau hat was ausgehakt. Gott sei Dank entspricht der Einfluß dieser Gesinnungsepileptikerin auf die Weltgeschichte ihren Cerebralfunktionen: beschränkt. Aber damit kann man als grüne Spitzenfrau anscheinend gut leben …

Über Jürgen T. müssen wir nicht weiter reden, Du kennst ihn. Er gibt sich immer ein bißchen bockig, kann aber in der nächsten Asterix-Verfilmung ohne weiteres den Opportunix spielen.

Und ist der Fettnapf noch so klein – der Wachtelkönig springt hinein.

Kalle, ich sage Dir ganz ehrlich: In der derzeitigen Verfassung sind die Grünen eine ernsthafte Bedrohung für jegliche Friedens- wie auch Umweltpolitik.

In den anderen Parteien sieht es sogar noch trauriger aus. Was ich immer schon vermutet habe, wurde neulich Gewißheit: Der FDP-Vorsitzende Gerhardt hat einen Intelligenzquotienten wie ein Alpenveilchen.

Er fabulierte im Bundestag: »Ich habe hier eine Meldung vor mir. Ob sie zutrifft, kann ich noch nicht einmal sagen. Aber wir spüren alle, daß sie zutreffen könnte. Danach haben im Kosovo jugoslawische Soldaten und serbische Polizisten 21 Lehrer albanischer Abstammung vor den Augen ihrer Schüler umgebracht. Man vermutet, daß es so sein könnte. Wenn ich so etwas lese, bin ich nicht mehr in der Lage, eine Diskussion darüber zu führen, ob man sich da heraushalten kann.«

Wenn ich so was höre, kriege ich Herpes. Aber diesen Freidemokraten reichen eben zum Leben ihre Vermutungen …

In geradezu besorgniserregendem Zustand befindet sich Rudolf Scharping. Der tauchte in der ersten Maihälfte ziemlich ab, und ich dachte, ei, endlich haben sie ihn weggesperrt, aber weit gefehlt – er war auf Mallorca und machte dort auf dem Fahrrad seine bekannten Selbstverstümmelungsversuche. Warum benutzt er nicht, wie's seinen Fähigkeiten angemessen wäre, Stützräder? Oder hat ihn gar ein fehlgeleiteter Nato-Marschflugkörper aus dem Sattel gehauen?

Rudolf Scharping, diese obszöne Personalunion von durchtriebenem Waschweib und debilem Generalfeldmarschall, machte also Urlaub, während seine Soldaten in Tag- und Nachtschicht zur Arbeit flogen. Daran kann man mal sehen, wie wichtig die Anwesenheit des Kriegsministers der Bundesrepublik Deutschland ist, und wie wichtig er von seinen Nato-Ministerkameraden genommen wird: Die haben vermutlich gar nicht gemerkt, daß Rudi nicht im Dienst war.

Ich frage mich oft, welche Krankheit er hat – wochenlang redete er ununterbrochen auf uns ein, mit starrem Blick, wie paralysiert. Verbale Dünnsäure, als stünde er unter Drogen. Ungebremst rang er seine Hände und Lippen. Als zum Beispiel die Serben drei Amis gefangen nahmen, sah er darin einen Bruch des Völkerrechts. Er behauptete, die drei stünden gar nicht unter Nato-Kommando, sondern seien UNO-Blauhelme. Dabei gab es zum Zeitpunkt der Gefangennahme in Mazedonien schon seit 4 Wochen keine Soldaten unter UN-Kommando mehr.

Meines Erachtens leidet Tornado-Rudi unter schwersten Wahrnehmungsstörungen, so jemanden läßt man normalerweise nicht mal allein eine Straße überqueren.

Eines Tages, als Rudi so richtig engagiert beim Kriegführen war, fragte ihn ein Reporter: »Die Bundesregierung hat eine dramatische Wende in der deutschen Außen- und Sicherheitspolitik vollzogen. Das hat die Öffentlichkeit mit bemerkenswerter Ruhe hingenommen. Liegt das an der politischen Konstellation?«

Darauf antwortete er: »Ich nehme das wahr als einen Quantensprung ..., was das im einzelnen bedeutet, darüber sollten wir im einzelnen mal in zwei, drei Jahren reden ...«

Ich meine, Du als abgebrochener Physiker weißt, daß ein Quant die Bezeichnung für den kleinsten Wert einer physikalischen Größe ist. Wenn Scharping meint, einen Quantensprung wahrnehmen zu können, ist er hart am delirium tremens. Eigentlich warte ich immer darauf, wenn der Patient Rudi irgendwo erscheint und seinen Lippenmüll produziert, daß plötzlich zwei kräftige Pfleger in weißen Kitteln auftauchen. Allein schon wegen seiner lyrischen Versuche:

»Es fällt schwer, die Tränen, die da vergossen werden, nicht selbst zu teilen.« – Und wir haben jahrelang über Helmut Kohl gelacht …

Ich weiß, Kalle, daß Du schon lange keine Zeitung mehr liest außer alten Pardon-Heften aus den 60ern, aber die Frankfurter Allgemeine ist manchmal auch nicht schlecht. Kürzlich war da ein Artikel von Scharping zu lesen. Überschrift: »Der Stein auf unserer Seele.« Darin behauptete er: »Den Vertriebenen wird ihre Identität geraubt – vom Ausweis des Menschen bis zum Nummernschild seines Autos.« Das ist für so einen Bürokraten natürlich ein bombardierungswürdiges Desaster.

Blanker Quatsch auch das folgende: »Herz und Verstand, Wissen und Hoffen, Denken und Handeln, Politik und Moral gehören zusammen.«

Wir wissen, nichts davon gehört zusammen, sonst wäre Scharping nicht in seiner Position und könnte verkünden: »Wenn 19 Demokratien heute zu militärischen Mitteln greifen, dann deswegen, weil jeder Verhandlung mit Milosevic früher oder später neue Greueltaten gefolgt sind.«

Wenn 19 Demokratien … In unserer Jugend gab's Postkarten, darauf stand: Eßt mehr Scheiße, Millionen Fliegen können nicht irren.

Und dann verlangt er, jedem Soldaten seiner Friedenstruppe müsse ein Schulbuch folgen, und er schreibt: »Wenn uns dies einst gelingt, dann rollte mir der schwerste Stein von der Seele.« Falsche Metapher in falscher Grammatik – wir können nur hoffen, daß Rudolf die Schulbücher nicht selbst schreiben will.

Wenn ich sein Arzt wäre, müßte Scharping stets und ständig einen Stahlhelm tragen, weil es jetzt im Frühling viele Spechte gibt.

Es ist unglaublich, was man einem Volk wie dem deutschen alles zumuten kann, bevor es sich beleidigt abwendet. Die Leute sind wirklich der Meinung, wir führen keinen Krieg, sondern wir befinden uns in einem humanitären Katastrophenverhinderungsmanöver, und der wegen seiner Entschlußfreudigkeit allseits geschätzte Herr Scharping ist echt ein humanitärer Katastrophenverhinderungsmanöverminister. Schröder, Scharping & Fischer pauken es durch: Wer gegen die bewaffnete Friedensmission in Jugoslawien ist, ist für den Völkermord im Kosovo. Von da ist es nicht mehr weit zu dem Satz: Wer gegen die Todesstrafe ist, ist für das Verbrechen ...

Ehrlich gesagt, Kalle, ich habe die Faxen hier ziemlich satt. Aber es gibt keine Alternative: Wenn ich mir in meinem unendlichen Patriotismus zum Beispiel die Aschermittwochsrede von Edmund Stoiber anhöre, dann muß ich mich nicht mal mehr fragen, spricht da noch der bayerische Ministerpräsident oder schon ein Stockpisser aus dem Hofbräuhaus? Also bleibe ich (vorläufig) in meinem Verein.

»Kritisch mitmachen«, lautet die Devise, und die finanzielle Seite ist ja auch nicht zu verachten.

So, nun bist Du informiert. Grüß Deine WG, und laß mal wieder von Dir hören.

Christian.

Ende Mai 1999

MICHAEL NAUMANN, *der Staatsminister für Angelegenheiten der Kultur und der Medien im Bundeskanzleramt, bewirbt sich um einen Talkshowauftritt bei Pastor Fliege.*

Lieber Herr Fliege,
anknüpfend an unser Gespräch anläßlich der »Tage des Fernsehgesprächs« vergangenen Monat in Wolfenbüttel, als wir uns einig waren, man müsse eigentlich alle Stadthunde und -katzen zermahlen und keimfrei zu Hühnerfutter zerkochen, möchte ich Ihnen heute drei Themenvorschläge für meinen Auftritt bei »Fliege« unterbreiten.

1. Meine Frau kauft jeden Freitag Männerstreu und Männerfutter: Östrogenkalbfleisch, englisches Rind, Schweinepestschnitzel, amerikanisches Hormonfleisch, Fischgeschwüre, genmanipulierte Tomaten, vegetarisches Karnickelfutter, belgische Eier, Coca Cola und Fruchtzwerge. Ich habe alles verinnerlicht. Ich bin resistent, ich schlucke alles. Mein Problem ist: Ich mag keine Hühner. Nicht mal, wenn sie noch so appetitlich mit diversen Dioxinen zubereitet sind.

Also, das wäre schon mal kein schlechter Einstieg ins Gespräch.

Dazukommt: Es hat mich sehr befremdet, daß ich anläßlich des letzten Hochwassers in Bayern, was ich eigentlich mit großem Vergnügen gesehen habe, zwar phantastische Actionbilder mit ertrunkenen Kühen und Schweinen habe sehen können, dazu vollgelaufene Keller und weggeschwemmte Autos – aber nie Hühner! Kein einziges Huhn, das in den Fluten um sein Leben kämpft und schließlich gerettet wurde, nicht eins! Das Huhn als solches findet bei Hochwasser offenbar nicht statt. Man erfährt auch nicht, ob Hühner überhaupt schwimmen können und ob sie, mit dem Bauch im kalten Wasser, weiter Eier legen. Haben Hühner im Hochwasser kein Recht auf Fernsehberichterstattung?

Das müßte, denke ich, mal ernsthaft thematisiert werden, aber darum kümmert sich nicht mal Hans Meiser, geschweige denn Bärbel Schäfer, die einem Suppenhuhn ja auch immer ähnlicher wird.

Ein weiterer Aspekt dieses Themas ist die wissenschaftlich erwiesene Tatsache, daß in Legebatterien lebende Hühner, die bei angenehmen Temperaturen in anregender Gesellschaft auf sauberem Fußboden leben und ständig genug Futter kriegen, viel weniger Streß haben als Auslaufhühner. Das hat man gemessen. Auslaufhühner sind ständig auf der Flucht vor dem Hühnerhabicht oder auf der Suche nach einem Wurm, und ewig haben sie ihre eigene Scheiße zwischen den Zehen. Dadurch entwickelt sich der bekannte Hühnerwahnsinn.

Vielleicht wäre es möglich, in dem Zusammenhang eine Diskussion darüber anzuregen, ob Deutschland ein repräsentatives Hühnerdenkmal errichten sollte: gerupfte Hennen in Marmor. Darüber ließe sich sicher noch in dieser Legislaturperiode ein Konsens herbeiführen.

Ich jedenfalls habe mir neulich folgende Fragen gestellt (in Selbstgesprächen sieze ich mich immer):

Würden Sie gern auf einem Bauernhof leben?

Nehmen Sie lieber Korn als Cognac zu sich?

Wenn Sie sich ausziehen, kriegen Sie dann eine Gänsehaut?

Kriegen Sie Hungerödeme, wenn Sie längere Zeit den Schnabel halten?

Haben Sie Schwierigkeiten, morgens aus den Federn zu kommen?

Kennen Sie einen Reim auf »picken«?

Legen Sie Ihr Ei morgens?

Als ich alle diese Fragen mit einem klaren »JA« beantworten mußte, da wußte ich: Ich bin ein Huhn und heiße eigentlich Doris. Und deswegen habe ich auch immer solche Probleme, passende Schuhe zu finden.

Übrigens: Der Kaufhof veranstaltet gerade eine italienische Woche unter dem Titel Buongiorno Italia. Im Prospekt wurden dazu angeboten original italienische Hot Chicken Wings. Vielleicht könnten die die Sendung sponsern? Denn sind wir nicht alle irgendwie Hühner?

2. Aus der europäischen Kulturhauptstadt Weimar wurde, wie Sie möglicherweise auch erfahren haben, ein Rostbratwurststreit gemeldet. Der Kulturstadtchef Bernd Kauffmann hat an den Spielstätten der Klassikerstadt ein Grillverbot für Thüringer Rostbratwürste erlassen, weil er nicht wünschte, daß Grillschwaden seine Ballettgäste einnebeln, und er sagte: »Es ist mit dieser Wurst wie mit Goethe. Beschäftigt man sich zu oft mit beiden, läßt die Faszination etwas nach.«

Das Grillverbot hat landesweite Proteste ausgelöst, was insofern verständlich ist, weil es von einem Wessi verhängt wurde. Andererseits weiß man seit Jahren, daß gegrillte Thüringer Rostbratwürste für den menschlichen Konsum gänzlich ungeeignet sind. Das wurde mir schlagartig klar, als ich jüngst das Fernsehprogramm des MDR, des Mitteldeutschen Rundfunks, gesehen habe. Dort tritt es auf, das in Töne umgesetzte Innere der Thüringer Bratwurst. In der Wernesgrüner Musikantenschänke kann man sie bestaunen: Singende Bratwürste, die aussehen, als seien sie aus einer sächsischen Abdeckerei ausgebrochen, in sonderbar gerüschten Trachten und Mecklenburger Seemannskonfektion, und sie knödeln ihre Lieder, nicht unähnlich unseren volkstümlichen Gesängen; balzende Bratwürste in Holzfällerhemden gepaart mit blondierten Jodelautomaten sind zu sehen, im Verein mit matronenhaften Tütensuppen, völkisch abdampfend, dazwischen immer mal wieder ein tanzendes Bauernfrühstück im Glockenrock, trompetende Schweinehälften in Kniebundhosen treten auf, Carmen-Nebel wabert vor Kulissen, die ein »Stückerl heile Welt« in der lieblichen Lausitz schänden; dann klampfende Bratwürste, das Wurstzipfelgesicht aus der Dauerwelle herausgemeißelt, im knackzarten Naturdarm; und tanzende Bratwürste im Dirndl, die sich bewegen wie Fehlpressungen der Kessler-Zwillinge, und dazu diese einfach unbeschreiblichen Klänge in schrulligen Schusterterzen wie von einem anderen Stern – und dann weiß man es plötzlich:

Die Thüringer Bratwurst stammt aus dem Orbit. Sie ist extraterrestrisch. Wir dürfen diese Außerirdischen nicht einfach grillen. Wir dürfen sie nur ansehen und müssen sie kalt genießen.

Und auch da stellt sich mir die Frage: Wie wär's mit einem Denkmal?

Unsere Nationalhymne ist doch so etwas wie eine klingende Bratwurst, und eine Bronzebratwurst vor dem Berliner Reichstag – wäre das nicht eine eindrucksvolle Selbstdarstellung des Deutschen und ein attraktives Sinnbild für Demokratie & Völkerfreundschaft?

3. Sorge bereitet mir auch Fußball-Deutschland rsp. die Fußball-Nation. Wenn wir uns die Zuschauerzahlen und Einschaltquoten anschauen: Toll ist das nicht. Bei RAN gucken etwa 5 Millionen Menschen zu, höchstens. Das heißt: 75 Millionen Deutsche nehmen dieses Medienangebot nicht wahr. Was ich in dem Zusammenhang nicht verstehe ist der Umstand, daß die Fußballreporter immer noch so freundlich mit den Fußballspielern umgehen. Fußball – das ist doch die einzige Branche, in der Intelligenz als Makel gilt. Neulich hörte ich, wie ein Reporter davon sprach, die Spieler hätten den Gegner im Unterbewußtsein wohl unterschätzt. Fußballspieler ein Unterbewußtsein? Ich bitte Sie: Das kann nicht sein.

Aber wie dem auch sei, ich meine, Fußballreportagen wären um vieles unterhaltsamer, wenn sie mit persönlicher Hetze und gelungenen Verunglimpfungen angereichert werden würden, etwa so:

»Basler tritt die Ecke. Damit ist er doch wieder überfordert, der Idiot. Ich meine, daß dieser hirnlose Wichser um Autogramme bettelnde Kinder tritt, das ist o. k., aber die Ecken beim deutschen Meister? Los, du Sackgesicht – was macht er denn jetzt schon wieder? Spiel doch, was du kannst, du Trottel! Nein, das wird nichts, diese Gurkentruppe können wir in der Nordsee verklappen, dieses Spiel ist ein Griff ins Klo!«

Und so weiter, und das alles von Herrn Rubenbauer – das würde vermutlich wieder ein wenig mehr Interesse am Fußball in Deutschland wecken. Wir könnten im Studio gemeinsam mit dem Publikum Beschimpfungsreportagen entwickeln und uns selbst so ein Denkmal setzen. Was will der Mensch mehr?

Ihrer Antwort gespannt entgegensehend, grüßt Sie Ihr Mike.

Anfang Juni 1999

LUDGER VOLMER, *der Generalpazifist, nein, Pazifisten-General der Basilikum-Salbei-Fraktion, Staatsminister im Auswärtigen Amt, schreibt an die Schützengilde »Dicht daneben ist auch vorbei« in seiner Heimatgemeinde.*

Liebe Schützinnen und Schützen!
In Anbetracht des herannahenden Schützenfestes, zu dem ich Euch allen viel Glück wünsche, sende ich Euch meine herzlichsten Grüße.

Ich habe nach wie vor den Finger am Abzug, wie Ihr wißt, aber im vergangenen Monat durfte ich lernen: Die Wege des Herrn, seiner Bomben und Raketen, sind unerforschlich. Auf unserer Seite betete man, daß die Rakete trifft, auf der serbischen Seite, daß sie danebengeht. Die Treffergenauigkeit hängt anscheinend von der Gebetsintensität ab oder von der reinen Willkür Gottes: Der allein entscheidet, ob Bombenwetter herrscht oder nicht.

Eine (untergeordnete) Rolle spielt aber auch, daß die Scheibenwischer an unseren Tornados offenbar nicht die besten sind. Jedenfalls: Soviel Chirurgie war nie – man könnte meinen, die Nato bewirbt sich um Aufnahme in die Ärztekammer. Natürlich gibt es dabei Kunstfehler. Aber was soll man machen, wenn der Patient nicht stillhält? Wer je den laufenden Keiler im Visier hatte, weiß, was ich meine.

Wie für jeden pazifistischen Schützenbruder erfüllt sich auch für mich in diesem Krieg ein Traum: Krankenhäuser, Kindergärten und Altenheime sind legitime Ziele (ein bißchen

Schwund ist immer), aber zivile Opfer gibt es nicht: Belgrader Bäcker backen schließlich auch für Milosevic, serbische Krankenschwestern flicken serbische Soldaten wieder zusammen, serbische Kinder sind die brutalen Serben von morgen, und serbische Frauen scheuen sich nicht, so was zu gebären.

Überempfindlichen Seelen, die wegen zerbombter Chemiefabriken oder Uranbomben eine Verseuchung der Umwelt befürchten, denen ist mit dem Argument zu begegnen: Gift oder Medizin, das ist doch nur eine Frage der Dosierung.

Keine Frage: Die Präzision der Nato-Schützen ist erstaunlich, wenn sie auch mit Eurer Treffergenauigkeit keineswegs konkurrieren kann. Am 27. Mai zum Beispiel flog die Nato die bis dahin heftigsten Angriffe, wie sie sagte, nämlich 740 Einsätze. Getroffen wurden dabei 3 oder 4 Panzer und eine Polizeikaserne. Mit so einer Trefferquote von höchstens 5 Prozent kriegt man in unserer Gilde bestenfalls eine Erinnerungsmedaille.

Aber man muß berücksichtigen: Die Piloten werfen ja nicht alle ihre Bomben auf die Serben. Manche schmeißen sie auch in die Adria. Das ist völlig ungefährlich, sagt die Nato, und Euer Sommerurlaub ist dadurch in keinerlei Gefahr, auch wenn die italienischen Fischer sich deswegen ein bißchen anstellen. Damit zu argumentieren, die Flugzeuge könnten mit ihren Bomben doch auch wieder landen, wenn sie völlig ungefährlich seien, zeugt von großer Ignoranz: Die Bomben sind eben abgebucht, und man müßte sie zurückbuchen, als Remittenden. Das ist für jeden Unternehmer, wie jeder Mittelständler weiß, extrem umsatzschädigend.

Fest steht: Kein deutscher Schützenverein läßt sein Schützenfest ausfallen, und auch die Nato konnte nicht mehr zurück, wenn sie ihr Gesicht nicht verlieren wollte, da gab es keine Alternative. Militärs, die bekanntlich deswegen in die Armee gegangen sind, weil sie zu feige sind, ihre eigene Familie zu erschießen, hängen nun mal auch an ihrem altfränkischen Ehrenkodex.

Wenn Ihr mich fragt, warum die Nato nicht auf Zielscheiben schießt wie jede anständige Schützengilde, muß ich Euch sagen: Hätte es ein Ziel gegeben, dessen Ausschaltung das Ende der ethnischen Säuberungen im Kosovo bewirkt hätte, hätte man sich vielleicht überlegen können, es zu bombardieren. Aber es gab keins. Der Versuch mit der Wuppertaler Schwebebahn war gutgemeint, aber sinnlos. Ein Volltreffer im Petersdom in Rom hätte da schon mehr Zuspruch bei der Bevölkerung gefunden. Auch eine in ihre Einzelteile zerlegte Hagia Sophia in Istanbul hätte eine enorme Mobilisierung bewirken können, desgleichen ein Bombardement der Akropolis in Athen, obwohl die ja schon lange kaputt ist. Weil gegen diese Zielsetzung allzu viele Bedenkenträger Protest erhoben, waren wir gezwungen, etwas breiter zu streuen. Ihr kennt das: Nicht jeder Schuß ist eine Zwölf.

Ich wünsche mir eigentlich, daß die Fernsehanstalten, die alle vom großen Unterhaltungswert dieser Bombenangriffe profitiert haben, in Zukunft bei der Nato als Sponsoren tätig werden. Das würde auch unserem Sport guttun. Lou van Burg und Vico Torriani sind ja leider tot – aber warum sollte man ihre Sendung »Der Goldene Schuß« nicht wiederbeleben? Die Nato erfüllt Zuschauerwünsche. Ich bin für Kassel. Dann kann ich wenigstens sicher sein, daß es Hannover erwischt.

Na gut, dieser Spaß war vielleicht etwas ungerecht.

Die Piloten der Nato verdienen unseren höchsten Respekt. Die haben einen wahnsinnig schweren Beruf, schon wegen der Anziehungskraft der Erde. Und jederzeit können sie von einer Seilbahn geköpft werden. Obwohl man sagen muß, in Cavalese wurde eine Seilbahn betrieben, die nicht ordnungsgemäß bei der Air Force angemeldet und folglich auch nicht in deren Landkarten zu finden war. Selbstverständlich wird dann so ein illegales und daher gemeingefährliches Fuhrgeschäft umgehend stillgelegt. Und was die chinesische Botschaft angeht: Wenn die nicht in den Amikarten verzeichnet war und trotzdem da in Belgrad einfach so rumstand, dann muß es sich um einen Schwarzbau gehandelt haben, der abgerissen gehört, damit die Gegend wieder zu den amerikanischen Karten paßt.

Nun, werdet Ihr mir sagen, die Washington Post hat am 10. Mai gemeldet, der US-amerikanische Verteidigungsattaché war mehrmals Gast in der chinesischen Botschaft, und der habe schließlich die Aufgabe, den militärischen Geheimdienst mit aktuellen Lage- und Stadtplänen zu versorgen, aber ein amerikanischer General hat zu Recht darauf hingewiesen, die Kürzungen im Geheimdienstetat hätten die Aktualisierung der Karten verhindert. Also, wenn Ihr Nato-Fans seid, spendet bitte nicht für die Kriegsopfer, sondern für die CIA.

Und dieses muß ich Euch auch noch ans Herz legen: Falls eine(r) von Euch einen Eigenheimbau plant: Geht zuallererst zum nächsten US-amerikanischen Militärattaché, holt Euch eine Baugenehmigung und besteht darauf, daß Euer Eigenheim in die amerikanischen Karten eingezeichnet und sein Standort an den Nato-Generalstab weitergeleitet wird. Dann kann wahrscheinlich nichts passieren.

Ansonsten habt Ihr's ja gemerkt: Rot / Grün marschiert, und Euer Ludger hat sich da prima reingefunden. Joschka macht so gut wie nichts ohne mich, und das stärkt echt den linken, den friedenspolitisch orientierten Flügel.

Das einzige, was mich zur Zeit ein bißchen beunruhigt, ist, daß man dem Balkan nach Beendigung des Krieges Hilfe und einen Marshallplan versprochen hat, weil – das hat man mit der DDR ja bis heute nicht auf die Reihe gekriegt. Und eine Steuererhöhung möchte ich Euch gerne ersparen – schon im Hinblick auf meine Wiederwahl.

Also, laßt es Euch gutgehen! Möge sich niemand selbst verletzen!

Mit einem herzlichen peng-peng-peng grüßt Euch
Euer Ludger.

Mitte Juni 1999

EDELGARD BULMAHN, *Bundesministerin für Bildung, Wissenschaft, Forschung und Technologie, die sich tagtäglich beim Pförtner ihres Ministeriums durch Vorzeigen des Hausausweises legitimieren muß, schreibt an Lydia Wszcemsky, ihre polnische Haushaltshilfe, in Hannover.*

Liebe Lydia,
na, wie geht's? Danke für deinen Brief – dein Deutsch ist mittlerweile besser als das der meisten Abiturjenten. Deswegen schreibe ich dir heute nach unseren neusten Rechtschreibregeln.

Schön zu hören, dass Joachim keine Schwierigkeiten macht – achte bitte darauf, dasser nich immer mit seinen lehmverschmierten Gummischtiefeln die Wohnung betritt, wenner ausm Garten kommt. Und gib mir bitte sofort Bescheid, wenner zuviel um die Häuser zieht – es is mir wirklich lieber, wenner die Abende mit dir Canasta schpielt!

Ja, du hast es besser als ich: Bonn is zur Zeit furchtbar fade, niemand redet mit mir, und zu tun habich auch nix – Bildungspolletik findet nich schtatt, Hochschulrahmengesetz im Koma, Schtudjengebühren ungeklärt, Bafögreform und Ausbildungsförderung in weiter Ferne.

Immer mehr setzt sich hier die Meinung durch, die Deutschen sind zu blöde, und mit Bildungspolletik lassen sich sowieso keine Wahlen gewinnen.

Noch schlimmer is: Seit dem Krieg in Kaschmir sind mir indische und pakistanische Restorangs total verleidet. Körrihühner habich ja noch nie gemocht, aber jetzt is auch Schluss mit Jogurtsuppe mit Schpinat.

Im Fernsehen habich den Prozess inner Türkei gesehn, und da habich mir gedacht: Guck an, Lydias Papst hat den Türken sein Papamobil geliehen, schade, dass der Öcalan nich etwas femininer und eleganter gekleidet is.

Sag bitte Joachim: In Östreich machen wir nie wieder Urlaub, die Berge sind einfach zu unsicher. Aussen Lawinen und innen Feuer, das haltich nich aus. Ich bin so verängsticht, dassich sogar Fussgängertunnel nur noch mit einem Feuerlöscher unterm Arm durchquere.

Interessieren würde mich, wie dir unser neuer Bundespräsident gefällt, der Bruder Johannes. Gut, nich? Wir sind jetzt alle Johanniter. Viele sagen, er is nur ein Produkt sozjaldemokratischer Resteverwertung, aber ich denke, deswegen repräsentiert er die Deutschen ja so gut. Leider beschteht das Volk in Deutschland nich nur aus Deutschen. Ein wirklicher Repräsentant könnte zum Beischpiel eine bisexuelle partzjell behinderte polnische Christin moslemischen Glaubens jüdischer Abschtammung undefinierbarer Hautfarbe im Greisenalter, aber völlig infantil, sein. Aber so was hamwir nich. Immerhin willer der Präsident aller Deutschen sein und auch der Ausländer, die hier leben und arbeiten. Das heisst, Präsident von denen, die nich arbeiten, will er nich sein. Das entschpricht ja auch unseren Vorschriften zur Mülltrennung. Und du arbeitest ja fleissich, also isser auch dein Präsident. Ausserdem beweist sein tadelloses Gebiss, dasser Brücken bauen will.

Gottseidank is Dagmar Schipansky nich Bundepräsidentin geworden. Die kommt ja wohl bei dir da aus der Ecke, und sie hat über sich gesagt:

»Ich verkörpere den Aufbruch.« Da hamwir echt Glück gehabt – ich stells mir schrecklich vor, wenn son Körper aufbricht.

Du fragst, wen du bei den Europawahlen wählen sollst. Das

weissich natürlich auch nich, du musst dir eben die Wahlplakate genau ansehen. Bei der CDU siehst du Frau Merkel und Herrn Schäuble. Darunter schteht: »Europa is wie wir.« Ok, es mag Gegenden geben, wo das zutrifft: Prischtina, Eschede oder die Sauerlandautobahn. Aber ganz Europa? Na gut, der ganze Text lautet: »Europa is wie wir: nich immer einer Meinung, aber immer ein gemeinsamer Weg.« Also, ich glaube, es wär richtiger gewesen, die hätten geschrieben: »Wir haben zwar nich immer dieselbe Zahnbürste, aber immer einen gemeinsamen Mundgeruch.«

Die SPD-Wahlplakate zeigen den flotten Schröder mit dem Satz: »Geographisch is Europa nur ein Kontinent. Realistisch gesehen is es die Zukunft.« Als Studjenrätin sage ich dir: »Realistisch« und »Geographisch« einander gegenüberzuschtellen is falsch. Das is noch falscher, wie wenn Joachim sagen würde: »Biologisch is der Schmetterling nur eine altgewordene Raupe. Ästhetisch gesehen is er ein Designerflugzeug.«

Auch die SPD-Parole »Jeder Arbeitslose is ein Grund mehr für eine gerechte Polletik« mussich schtreng zensieren: Is demnach jeder, der Arbeit hat, ein Grund weniger für eine gerechte Polletik?

Die FDP hat ja nur den Herrn Westerwelle auf dem Plakat. Einige meinen allerdings, auf dem Plakat, das sei eindeutig ein Männerarsch, aber ich habmir das genau angeguckt: es is eindeutig der Westerwelle. Den wählst du bitte nich, Lydia: Du willst doch kein Arschgesicht wählen, oder?

Ich weiss, Lydia, du sympathisierst auch nich mit der PDS, aber jetzt, in diesem Krieg mit den Serben, als Polin ... Das sind ja wohl auch irgendwie Verwandte von euch ... Jedenfalls, der Spruch auf den PDS-Plakaten »In einem gibt es keinen Kompromiss: Du sollst nich töten!« is vielleicht gut gemeint, aber vollkommen sinnlos, denn »In einem« gibt es niemals einen Kompromiss.

Ich hab gehört, es beteiligen sich auch noch andere Parteien an diesen Europawahlen, aber darüber weissich nix. Am besten wird sein, du kreuzt sie alle an auf dem Wahlschein, ausser Westerwelle, dann machst du nix falsch.

Jetzt will ich dir noch einige Ratschläge für deine Schteuererklärung geben. Ich muss dich ja jetzt wegen der Finanzreform auch über die Schteuerkarte laufen lassen, und da is es besser, wenn du keinen Fehler machst.

Also: Du musst in Zukunft den europäischen Normen gerecht werden.

Das Wichtichste: Alle Angaben in deiner Schteuererklärung müssen schon in diesem Jahr in portugiesisch abgefasst und auf Euro umgerechnet sein. Dein Hagebuttengelee muss, auch wenn du es aus den Früchten von Joachims Garten selbst kochst, den Marmeladerichtlinien der Europäischen Union entschprechen. Dann solltest du unbedingt anhand eines tausend Seiten schtarken Untersuchungsberichtes überprüfen, ob die Wasserkraft deiner Toilettenschpülung den Mindestanforderungen der Europäischen Union genügt.

Dann kannst du Joachim noch sagen, es is mir völlig egal, dass die Herschteller von Sicherheitsschlössern jetzt der Polizei Nachschlüssel zur Verfügung schtellen, wenn die einen grossen Lauschangriff schtarten will. Natürlich weissich, dass man inner Schweiz Zylinderschlösser kaufen kann, die sich nur durch brackjale Gewalt öffnen lassen, was dann Zerschtörungsschpuren hinterlässt, und dass die Schweizer Firmen garantieren, dass die Polizei keine Nachschlüssel erhält. Ich finde das unmöglich. Es geht doch darum, der Polizei die Arbeit zu erleichtern, was sich dann wiederum in einer positiven Schtatistik niederschlägt. Ich schtehe auf dem Schtandpunkt, ein deutscher Schtaatsbürger hat die Pflicht, der Polizei das Leben so weit wie möglich zu erleichtern.

Schliesslich geht niemand in den Schtaatsdienst, weil er besonders fleissich is. Oder?

So, das wars für heute.

Weisst du schon, was du im Urlaub machst? Wenn nich: Hapag Lloyd veranschtaltet ab September Reisen mit Pastor Jürgen Fliege. Ziele: Mallorca, Malta und das Zillertal. Der Reiseprospekt verschpricht: »Gemeinsame Schtille und miteinander reden.«

Wenn du das machen willst, sage ich nur: Pass mal gut auf dich auf. Und auch auf Joachim.

Deine Chefin.

11. Juni 1999

NILS-JENS PETERSEN, *der rot-grüne Nichtwähler, organisiert für die Nachbarschaft ein Friedensfest und entwirft dafür einen Moderationstext.*

Frieden, Leute, Frieden! Nach 79 Tagen Krieg soll nun Frieden einziehen. Das wurde auch Zeit. Ich habe neulich mal nachgedacht, und da ist mir aufgefallen: Nach dem Zusammenbruch des real existierenden Sozialismus wurde die Welt zwar nicht sicherer, nicht demokratischer, nicht sozialer, nicht friedensfähiger, nicht ökologischer, nicht kinder-, frauen- und altenfreundlicher, nicht solidarischer, nicht antifaschistischer und auch nicht kulturvoller, aber: lustiger. Wir haben mehr Fun, irgendwie.

Unsere Regierung hat dazu eine Menge beigetragen.

Für Bundeskanzler Schröder ist der Koalitionsvertrag keine Bibel, sagt er. Mit anderen Worten: Der Koalitionsvertrag ist ihm ziemlich wurscht. Na ja, so geht er ja auch an seine Eheschließungen ran. »Man muß«, sagte er im Fernsehen, »man muß Politik so betreiben, als wären jeden Sonntag Neuwahlen.« Das könnte ihm so passen: Dann bekäme er jeden Sonntag einen neuen Koalitionsvertrag, an den er sich nicht halten muß.

Von Schröder können wir alle eine Menge lernen, zum Beispiel: Wie arbeite ich im Fernsehen meine Eitelkeit ab, ohne ekelhaft zu wirken. Ich sage euch: Schröder hat das intellektuelle Schankrecht und darf uns alle besoffen reden. Also: Prost! Auf Schröder!

Erinnert ihr euch? Es ist noch nicht mal ein Jahr her, da haben die Grünen gesagt: Wer die PDS wählt, wählt die große Koalition.

Hintze hat gesagt: Wer die PDS wählt, wählt Rot-Grün. Herr Protzner von der CSU hat gesagt: Wer die Grünen wählt, wählt auch PDS. Herr Gerhardt von der FDP hat gesagt, wer Schröder wählt, wählt eigentlich Trittin. Herr Fischer hat gesagt, wer PDS wählt, wählt Kohl. (Damit hat er eine Partei und große Teile der Bevölkerung mit den gleichen Worten ausgegrenzt, die Helmut Schmidt vor 20 Jahren gegenüber den Grünen benutzte.) In der Bild-Zeitung stand: Wer für Rot-Grün stimmt, stimmt gegen Arbeitsplätze. Und nicht verstanden habe ich auch den Satz: Wer rechtsradikal wählt, unterstützt die Sache der PDS.

Also, eigentlich hätten wir damals, weil wir ja für Arbeitsplätze sind, gegen Rot-Grün stimmen müssen, damit die PDS nicht rechtsradikal wird und die Grünen in einer großen Koalition mit der FDP dafür sorgen, daß Schröder Vorsitzender der CDU wird, die, wie es sich für eine Pogo-Partei gehört, ihre Stimmen ja sowieso immer beim politischen Gegner holt. Oder so ähnlich.

Wenn ihr aber gar nicht gewählt habt, dann habt ihr der Sache der Union gedient – das sagte der Mann mit der eisernen Maske, Franz Müntefering. Also, wen oder was auch immer ihr gewählt habt: Ihr habt immer der Sache des Gegners gedient, also vermutlich seid ihr hier alle Serben-Freunde. Offenbar handelt es sich bei Leuten wie uns um einen schweren Fall von kollektiver Cerebralphimose. Prost!

Jedenfalls: Von Krieg hat nie einer gesprochen. Zur Wahl standen nur Friedensparteien. Aber jetzt war erst mal 79 Tage Krieg.

Die großen Kriege haben sowieso alle im amerikanischen Film stattgefunden. Was in unseren Tagen so stattfindet, ist ein lauer Aufguß.

Leute, zur Feier des Tages habe ich mir gedacht, wir veranstalten mal ein Quiz. Wie im Fernsehen. Jeder von euch kriegt einen Luftballon, ich stelle eine Frage, und wer die richtige Antwort weiß, der bringt seinen Luftballon zum Platzen. Bei wem es zuerst knallt, der gewinnt ein Freibier – vorausgesetzt natürlich, die Antwort ist richtig. Wer dreimal richtig antwortet, gewinnt eine polizeiliche Abschiebungsaktion mit Hand- und Fußfesseln, Klebeband auf dem Mund und luftdichtem Motorradhelm auf dem Kopf, wahlweise nach Somalia oder nach Kurdistan.

Es geht los. Ich nenne euch einige Zitate, und ihr werdet mir, bitteschön, den Autor oder die Autorin nennen.

Also, wer hat das gesagt oder geschrieben: »Das globale Gewaltmonopol zur Sicherung des Weltfriedens liegt ausschließlich bei den Vereinten Nationen. Die Nato ist und bleibt ein Verteidigungsbündnis.«

Da braucht ihr gar nicht zu lachen. Kofi Annan ist falsch, Inge Meysel war's auch nicht, obwohl die oft so gescheite Sachen sagt – dieser Satz stammte aus dem SPD-Wahlprogramm von 1998. Ich sag ja, die haben Humor.

Zweites Zitat: »Militärische Friedenserzwingung und Kampfeinsätze lehnen wir ab.«

Nein, das war nicht Gauweiler bei den Tölzer Gebirgsschützen, sondern das war die zentrale Lüge aus dem Wahlprogramm der Bündnis 90/Grünen von 1998.

Jetzt wird's etwas schwieriger, drittes Zitat: »Deshalb darf für Serbien auf alle absehbare Zeit kein Platz in der Europäischen Gemeinschaft sein.«

Ja, ich hätte auch auf Herrn Tudjman, diesen genetischen Anteilseigner von Hermann Göring, getippt, aber das ist nicht richtig, sondern diese beinharte Forderung erhob die Frankfurter Allgemeine Zeitung 1991.

Und Leute, jetzt frage ich euch, wer sagte denn das: »Deutsche Helden müßte die Welt, tollwütigen Hunden gleich, einfach totschlagen. Dies zeigt unsere ganze Geschichte.«

Marschall Tito wäre zu einfach. Peter Handke ist schon besser, aber leider falsch. Nein, weder Uta Ranke-Heinemann noch Petra Kelly. Nein, liebe Leute, diesen Ausspruch verdanken wir Joseph Fischer 1982.

So, letzte Frage, letztes Zitat – ich bin sicher, den Urheber erkennt ihr sofort. Wer hat gesagt: »Unsere Absicht ist, die jugoslawische Armee vernichtend zu schlagen, außerdem den Südteil vom übrigen Land abzutrennen.«

Tony Blair ist ganz falsch. Denn das sagte Adolf Hitler, 1941.

Tja, Leute, ihr könnt jetzt eure Luftballons fliegen lassen. Wenn ihr mich fragt, kann man mit Zitaten wirklich alles beweisen. Und deshalb sage ich: Madeleine Albright ist eigentlich ein Double von Mutter Theresa.

Prost!

17. Juni 1999

HANS EICHEL, *charismatisch wie die Innenstadt von Kassel und deswegen Bundesfinanzminister, schickt eine Dienstanweisung an die KassiererInnen der SPD-Ortsvereine in Nordrhein-Westfalen.*

Liebe Kolleginnen und Kollegen, wie ich höre, gibt es in Eurer Region etwa 50 Gemeinden, in denen sich die Grünen noch nicht organisiert haben. Um diese weißen Flecken auf der grünen Landkarte zu tilgen, hat die grüne Parteiführung nun auf die Notwendigkeit der Gründung grüner Ortsvereine hingewiesen, und daß schon 3 Personen (nicht, wie irrtümlich oft angenommen wird, 7) ausreichen, um eine solche Basiszelle der Partei zu gründen.

Für die Gründung eines grünen Ortsvereins in Nordrhein-Westfalen wird eine Gründungsprämie ausgelobt, und zwar 500 Mark pro grüner Ortsvereinsgründung.

Außer den 500 Mark Starthilfe erhalten die Gründer eine Mustersatzung inklusive Geschäfts-, Beitrags- und Kassenordnung. (Ein Parteiprogramm ist in dem Angebot nicht enthalten.)

Es ist ein Gebot der Selbsterhaltung der Sozialdemokratie, diese Möglichkeit, unser Parteivermögen zu mehren, auszunutzen.

Ich rufe Euch hiermit dazu auf, Eure EhepartnerInnen oder andere Bekannte dahingehend zu agitieren, grüne Ortsvereine zu gründen.

Die Liste der 50 Orte, in denen man sich beim ortsansässigen Griechen oder in anderen Lokalitäten zwecks grüner Ortsvereinsgründung versammeln kann, ist in der Geschäftsstelle der nordrhein-westfälischen Grünen erhältlich. Deren Adresse und Telefonnummer steht in jedem Telefonbuch oder im Internet.

Die Bewirtungskosten (maximal 15 Mark pro Person) anläßlich der grünen Ortsvereinsgründung sind nach Eingang der Gründungsprämie von selbiger in Abzug zu bringen.

Die verbleibende Restsumme (mindestens 455 Mark) ist umgehend an den Schatzmeister der SPD zu überweisen.

Ich muß wohl nicht gesondert darauf hinweisen, daß es die Pflicht der Gründungsmitglieder des neuen grünen Ortsvereins ist, sich unmittelbar nach Erhalt der Gründungsprämie wieder von den Grünen abzuspalten rsp. aus der grünen Partei auszutreten, um eventuelle Beitragszahlungen an die Grünen auszuschließen.

Sollten sich Gerüchte bestätigen, nach denen Ex-Grüne jedem Noch-Grünen im Falle seines Parteiaustritts eine Prämie zahlen, erhaltet Ihr neue Anweisungen.

Mit freundlichem Gruß – Euer Hans Eichel.

Ende Juni 1999

RUDOLF SCHARPING, *Bundeskriegsminister, beantwortet einen Brief von Hauptfeldwebel Siegmar Franzke in Prizren (Kosovo).*

Lieber Kamerad Franzke,
vielen Dank für Ihre Feldpost, Ihre Zeilen haben mich sehr betroffen gemacht. Mit der Antwort hat es so lange gedauert, weil meine Sekretärin im Urlaub ist und ich nicht wußte, wie man den Computer einschaltet. Außerdem mußte ich mir Ihren Brief auch erstmal durch den Kopf gehen lassen.

Daß Ihnen Ihre Verlobte von der Fahne gegangen ist, tut mir sehr leid. Ja, es gibt so Frauen, auf die kann man sich nicht verlassen, und schon gar nicht als Soldat im fremden Land. Ich bin sicher, Sie werden eine neue Braut finden, und einstweilen ist ja unser Sturmgewehr G 36 kein schlechter Ersatz. Da sind Sie immer am Drücker. –

Daß Sie sauer sind und mir die Schuld daran geben, wenn die Heimatfront desertiert, kann ich nur teilweise nachvollziehen. Wollen Sie einen Orden? Wir prüfen das gerade. Im übrigen: Das Wort »Frieden« hat für Sie und mich vorläufig keine Bedeutung. Wenn wir jetzt im Juni so tun, als hätten wir unsere Ziele erreicht, dann haben wir wohl vergessen, was wir im März noch alles wollten: Kosovo sollte Nato-Protektorat, ganz Restjugoslawien der Nato-Kontrolle unterworfen und Moskau und die UNO sollten ausgeschaltet werden. Das haben wir bislang nicht erreicht, und bevor nicht der letzte Serbe den Kosovo verlassen und Milosevic mich persönlich um Verzeihung gebeten hat, können wir mit dem Nato-Bombardement allein nicht zufrieden sein. Deswegen gilt bis auf weiteres:

Friedensgespräche sind ein Signal zur Eroberung fremder Gebiete. Die Feuerpause braucht man zum Nachladen. Der Waffenstillstand dient dazu, frische Truppen zu rekrutieren. Demokratie bedeutet, ein anderes Volk in Sicherheitsverwahrung zu nehmen.

Also: Reißen Sie sich zusammen, und tun Sie Ihre Pflicht. Wir müssen der ganzen Welt signalisieren: Wer immer, wann immer, wo immer Menschenrechte einfordert, kriegt es sofort mit dem Humanismus der Nato zu tun!

Ihre Familie heißt weiterhin KFOR – und Ihr Soldatenvater: Rudolf Scharping.

1. Juli 1999

BODO HOMBACH, *vollschlanker Sozialdemokrat mit ungewöhnlich attraktiver Ausstrahlung, schreibt an sich selbst, weil sonst niemand mehr etwas mit ihm zu tun haben will.*

Bodo, mein Liebling,
ich bin wieder ein schönes Stück um mich selbst gekreist. Ich stehe nach wie vor im Mittelpunkt, ich bin die neue Mitte. Aber außer mir weiß niemand, wo die steht. Dabei ist es ganz leicht herauszufinden: Die neue Mitte ist dort, wo Bomber munitioniert und Raketen gestartet werden.

Ich bin sehr zufrieden mit mir: Meine SPD-Politik hat die FDP völlig überflüssig gemacht. Und meine CDU-Politik leistete erstklassige Abbrucharbeit an der SPD. Die Genossen Theo Eichel und Norbert Riester liefern auf meine Anweisung einen hervorragenden Beitrag zur allgemeinen Politikverdrossenheit. Und wenn es Franz Müntefering jetzt noch schafft, den Transrapid aus der Rentenkasse zu finanzieren, schenke ich ihm zur Belohnung ein überfahrenes Kaninchen – wenn er sich das auf den Kopf legt, sieht er immer noch besser aus als mit seinem jetzigen Toupet.

Am weitesten bin ich mit den Grünen gekommen – die sind mittlerweile sogar zu schwach, um sich zu spalten. Unglaublich zum Beispiel dieser Rezzo Schlauch: Ein vom Trollinger gesteuerter Maultaschenfalter, der sich bei der Polizei bedankt, daß sie ihm das Schwänzchen hält, wenn er auf dem Parteitag sein staatstragendes Wasser abschlägt. Oder Jürgen Trittin: Der bedroht jeden, der sich ihm in den Weg stellt, mit einem

Pfand von 50 Pfennigen pro Getränkedose. Wirklich furchterregend!

Und über Joseph Fischer, der mittlerweile aussieht wie eine böse alte Frau, die einen kranken alten Mann spielt, fand ich ein Gedicht, das Elke Heidenreich 1994 geschrieben hat:

> Heiliger Joschka, kerngesund,
> du dicker Bub und kugelrund,
> mit deinen Backen rot und frisch:
> Hau endlich auf den deutschen Tisch.

Ja, das war vielversprechend. Und dann begann der Aufstieg vom Wonneproppen zur welken Zeitgeistnutte. Jetzt sind Schröder und Fischer unterwegs wie eine Drückerkolonne, die einsamen Hausfrauen Praline und Neue Revue aufzwingt.

Überhaupt Schröder – ich mag ihn nicht mehr ertragen: ein hochaggressiver Parvenu, ein wolkig verkleidetes Nichts, der gelegentlich auf mich wirkt wie genetischer Sondermüll aus dem Hause Hohenzollern. Offenbar kann er nur Wahlen gewinnen und sonst gar nix. Aber deswegen läßt er sich noch lange keine grauen Haare wachsen. Ihm ist am wichtigsten: Männer kriegen keine Cellulitis. Trotzdem: Wer ihn beobachtet, hat das Gefühl, einer politischen Leiche beim Verwesen zuzuschauen. Wenn Herr Schröder sagt, »ich habe verstanden«, täuscht er sich und andere. Denn eigentlich wollte er sagen: Ich habe fertig. –

Einen nahezu geisteskranken Eindruck macht auf mich Rudi Scharping. Na gut, das paßt zum Bild eines traditionell geprägten Kriegsministers: hart, pflichtbewußt, entschlossen, arrogant und dumm. Aber daß Scharping einen homosexuellen Ausbilder bei der Luftwaffe mit der Begründung: »offene Homosexualität eines Vorgesetzten kann dessen Autorität erschüttern« in die Schreibstube zwangsversetzt, anstatt sich eine vernünftige Ausrede einfallen zu lassen, beweist mal wieder, wie wenig dieser lahmarschige Mensch zum Politiker geeignet ist. Es könnten nämlich gewisse Kreise nun auf die Idee kommen, den Kriegsminister auch mal unter dem Aspekt seiner Sexualität zu betrachten. Und da kommt dann vermutlich raus: Rudolf Scharping ist eigentlich ein ganz lieber, schwacher, anschmiegsamer und ängstlicher Mann, ein Mann, der am liebsten unterworfen würde. Er guckt ja auch immer so leidend und kann niemandem ins Auge schauen. Immer, wenn ich ihn unbemerkt beobachte, stelle ich fest: Er hat den unterwürfigen Blick aller Masochisten.

Scharping hält eine gewaltige Macht in den Händen, er hantiert mit den wundervollsten Raketen, er hat den Befehl über Hunderttausende von Männern. Und wie das so oft ist: Man muß im Leben genau das Entgegengesetzte von dem tun, was man tun möchte. Und richtig – wo finde ich ihn nachts, wo treibt er sich herum? In Folterkellern. Wann immer es seine Zeit erlaubt, zieht Rudi sich abends um, verkleidet sich als Ben Hur oder als Conan, der Barbar, und dann läßt er sich in Ketten legen, auspeitschen oder sonst irgendwie quälen. Der möchte von seinen Raketen von rückwärts penetriert werden. Der steigt in einen Tornado und hätte viel lieber, daß der Tornado in ihn steigt. Der wünscht sich nichts sehnlicher, als daß seine gesamte Armee Kamerad nach Kamerad über ihn herfällt. Den Blick des geschändeten Mannes voller Schuldgefühle hat er schon. – Und deshalb sage ich mir: Bodo, lach nicht mehr über Rudi Scharping. Vermittle ihm ein paar sadistische serbische Tschetniks, und gönne ihm sein Privatleben, bevor das deutsche Volk merkt, daß er permanent seine eigene Autorität erschüttert. –

Jetzt wollen wir mal sehen, was mir der Balkan bringt. Ich bin der neue Herr des Amselfeldes und Führer der UCK. Als Residenz werde ich mein selbstbezahltes schmuckes Eigenheim aus Mühlheim / Ruhr nach Prishtina mitnehmen. Ich hoffe nur, daß mich meine Briefe da auch erreichen. Und Koordinieren kann ich ja, das habe ich in den vergangenen Monaten eindeutig unter Beweis gestellt. Was in Bonn gelang, kann auf dem Balkan nicht schiefgehen. Ich freue mich auf die neue

Aufgabe, ich brauche Herausforderungen. Der vergangene Monat hatte eigentlich nur einen Festtag, und das war der 17. Juni: Mein altes DDR-Kondom aus Bärenfell hat mir wieder große Erleichterung verschafft. Was soll man machen, wenn man so allein ist wie ich?

Nun freue ich mich schon wieder aufs nächste Jahr.

Küßchen, Bodo, von Deinem Hombach.

Anfang Juli 1999

HERTA DÄUBLER-GMELIN, *Bundesministerin der Justiz und wichtigste Vertreterin der neopostmodernen Traditionsavantgarde in der SPD, schreibt einen semioffiziösen Brief an den Präsidenten des Internationalen Olympischen Komitees, Antonio Samaranch. (Übersetzung aus dem Schwäbischen.)*

Sehr geehrter Herr Präsident!
Wenn jemand zum Frühstück ein Päckchen Heftzwecken nascht, kommt der dann ins Gefängnis? Nein, natürlich nicht. Und wenn sich jemand freiwillig mit dem Drillbohrer ein Loch in die Kniescheibe bohrt, wird er dann bestraft? Nein, warum auch? Und wenn jemand versucht, sich umzubringen, muß der eine Geldbuße abdrücken? Nein, muß er nicht. Denn – deutsches Grundgesetz Artikel 2: Jeder hat das Recht auf freie Entfaltung seiner Persönlichkeit.

Darf ich in diesem Zusammenhang meiner Verwunderung Ausdruck verleihen, daß nun, da uns die Tour de France wieder bevorsteht, Sie und alle Welt derart intensiv das sog. Doping von SportlerInnen anprangern? Sie und ich, wir alle befürworten doch den Satz: Leistung muß sich lohnen.

Doping ist leistungsfördernd. Es ist kontraproduktiv, in unserer Gesellschaft leistungsfördernde Mittel zu verbieten. Zeitungen und Sportsendungen puschen den Höchstleistungssport, wir alle sind süchtig nach immer neuen Rekordleistungen.

Geld bringt Doping, Doping bringt Leistung, Leistung

bringt mehr Geld. Dazu kommt: Doping schafft Arbeitsplätze in Pharmakonzernen, Apotheken, Arztpraxen, Bestattungsinstituten und Friedhofsverwaltungen. Eine Abschaffung der sowieso nicht sonderlich effektiven Dopingkontrollen hingegen verschlankt den Funktionärsapparat und spart somit Kosten.

Ich plädiere sogar für eine Übernahme der Dopingkosten durch die Krankenkassen, denn im Fernsehen triumphierend geschwenkte Pipiproben regen die Phantasie an und haben einen hohen Unterhaltungswert, und wertvolle Unterhaltung ist gesund fürs Volk.

Nehmen wir nur mal die Radfahrer vom Team Telekom: Das wird von der ARD gesponsert. Der Sportreporter als Verkäufer der Ware Team Telekom müßte nicht mehr so hilflos rumeiern, könnte er fröhlich berichten, sehen Sie sich diesen unseren phantastischen Fahrer an, ja, der Mann ist eine rollende Apotheke, und auch heute früh haben wir diesem begnadeten Sprinter wieder ordentlich was in den Hintern gejagt. (Verzeihen Sie bitte die derbe Wortwahl, aber ich drücke mich gern deutlich aus.)

Ich zweifle nicht daran: Die Zuschauer wollen lieber einen Epo-gedopten Jan Ullrich sehen als einen ungedopt japsenden Rudolf Scharping, der ständig aus dem Sattel fällt und sein Rad erst sechs Wochen später auf den Tourmalet hinaufschiebt.

Oder Tennis: Ihnen, der Herzogin von Kent, mir und dem Publikum ist es doch egal, ob und wie sich Steffi Graf dopt, Hauptsache, die Vorhand kracht. Wenn jemand nur Milchschnitte in sich reinstopft wie Anke Huber – man sieht ja, das bringt nix, außer, daß man dann auch so aussieht.

Herr Präsident! Moderner Sport ist Zirkus. In der Arena treten Monstren und Mutanten auf: Basketballer, die nach erfolgreicher Hormonbehandlung ihre Bälle in der Zirkuskuppel ablegen, Skifahrerinnen, die, obwohl ihre Pubertät schon lange überwunden ist, immer noch spiegeleigroße Pickel haben, testosteronträchtige Schwimmerinnen mit Vollbärten, dann die Helden des Biathlon, fleischgewordene Betablocker in aerodynamischen Amphetaminanzügen, und Fußballer, die sich im Ephedrinrausch mit den Zehenspitzen in ihr eigenes Skrotum treten. Das wollen wir sehen, das fasziniert die Massen, und das Publikum applaudiert der Weltrekordlerin im Blaubeerpflücken, die nach ihrem letzten Bückling im Alter von 22 Jahren die Spritze für immer aus der Hand legt, noch am Grabesrand, denn sie hat ein wunderbar sportliches Leben geführt.

Sie werden mir doch recht geben: Der sogenannte Nationenspiegel bei Olympia oder Weltmeisterschaften vermittelt uns schon lange eigentlich nur die Information, welches Land die verwegensten Abnormitäten zu bieten hat. Warum also sollten wir die Medizin und ihre Forschungsergebnisse nicht zum offiziellen Bestandteil der Aufzucht und Mutation junger Menschen zwecks späterer Verwendung im Hochleistungssport erheben?

Herr Präsident, lassen Sie uns beide gemeinsam und offiziell die Dopingpflicht für Berufssportler fordern und entsprechende gesetzliche Voraussetzungen schaffen.

Wir würden damit auch einer sportpolitischen Forderung des deutschen Oppositionsführers Wolfgang Schäuble, der heute einer der bekanntesten Rollstuhlsportler unseres Landes ist, nachkommen, der schon 1977 formulierte: »Wir wollen diese Mittel nur ... unter der absolut verantwortlichen Kontrolle der Sportmediziner ... einsetzen ..., weil es offenbar Disziplinen gibt, in denen heute ohne den Einsatz dieser Mittel der leistungssportliche Wettbewerb in der Weltkonkurrenz nicht mehr mitgehalten werden kann.«

Sie und ich, Herr Präsident, die wir nicht mehr nach der ultimativen körperlichen Leistungsexplosion streben, sondern den Sinn des Lebens eher in luxuriösen Betten, erlesenen Dinners, in der Huldigung unserer Einzigartigkeit und der Vermeidung von Anstrengung suchen, werden der Sportwelt damit zu einem Stückchen Ehrlichkeit verhelfen – das wird sich letztlich auch für uns auszahlen.

Wir müssen den gedanklichen Mief des Breitensports abschütteln und die olympische Idee des »Höher-Schneller-Weiter« vorantreiben durch ein marktgerechtes »Lauter-Schriller-Sexyer«.

Über ein positives Echo von Ihnen würde ich mich sehr freuen, und vielleicht haben Sie Lust, wenn Sie mal nach Tübingen kommen, mit mir um unseren Hölderlin-Turm zu joggen.

Mit einem dreimaligen Sport-frei, Sport-frei, Sport-frei
grüßt Sie sehr herzlich Ihre
Herta Däubler-Gmelin.

Mitte Juli 1999

WALTER RIESTER, *Bundesminister für Arbeit und Sozialordnung, schreibt im Zustand tiefster Depression an seinen Vorgänger im Amt.*

Geschätzter Herz-Jesu-Marxist, lieber Norbi!
Wie hast Du das bloß all die Jahre ausgehalten? Jeden Morgen, wenn ich mich auf einen Stuhl stelle, um in den Spiegel zu schauen, siehst Du mich an und weckst Fluchtinstinkte in mir. Und dann wünsche ich mir, ich wäre Du und aus allem raus. Ich muß einfach mal jemandem mein Herz ausschütten, und wer könnte mehr Verständnis für mich und meine Situation aufbringen als Du?

Ich sage Dir: Seit Schröder gilt in der Sozialdemokratie ausgerechnet das Soziale als unmodern. Als ich neulich vorschlug, Ladendiebstahl durch Sozialhilfeempfänger so lange nicht zu bestrafen, bis die Vermögenssteuer eingeführt ist, da war vielleicht was los! Und ausgerechnet Fischer, der nichts gelernt hat außer Taxi fahren oder vielleicht kellnern, hat sich aufgeblasen, bis er fast wieder so fett war wie früher. Dabei muß der Fischer, um einen Rückfall ins Privat- und Erwerbsleben zu vermeiden, weil er da ganz schwer vermittelbar ist, sich bis zur Selbstaufgabe den Erfordernissen des Machterhalts anpassen.

Schröders Kompetenz erschöpft sich im Händedruck mit Konzernchefs. Egal, an welchen Gesprächen er auch immer sich beteiligt – Sozialpolitik, Renten, Steuern, Wirtschaft –, wenn er den Mund aufmacht, weiß ich, jetzt kann ich nur noch mit höflichstem Desinteresse weghören. Manchmal, wenn er seine Richtlinien bastelt, Machtworte spricht und so vor sich hin regiert, beobachte ich ihn aus den Augenwinkeln, und dann denke ich, er hat verdammte Ähnlichkeit mit einer Kuh, die versucht, sich eine Zigarette zu drehen.

Ist Dir mal aufgefallen, wie oft er seine Sätze beginnt mit: »Ich kann das verstehen ...« Immer wieder: »Ich kann die Menschen da verstehen!«

Ich sage Dir: Nichts kann er verstehen, gar nichts.

Das sog. Schröder-Blair-Papier hat ja der dicke Hombach verfaßt – 18 Seiten banales Gequatsche von Dynamik, Flexibilität und Kreativität in der Arbeitswelt, die durch die Bürokratie in ihrer Entfaltung behindert wird. »Moderne Sozialdemokraten wollen das Sicherheitsnetz aus Ansprüchen in ein Sprungbrett in die Eigenverantwortung umwandeln« – mit diesem rundgelutschten Quatsch weit unter Westerwelle-Niveau soll ein gestandener Gewerkschafter wie ich sich nicht auseinandersetzen, sondern solidarisch erklären.

Keine Frage, Norbi – hättest Du vor der letzten Bundestagswahl so ein Papier veröffentlicht: Schröder hätte Dich »die Kettensäge am Hals der arbeitenden Menschen« genannt.

Immerhin: Ich kann auch Positives melden. Das Bündnis für Arbeit funktioniert: Es gibt deutlich mehr Arbeit für Sitzungsteilnehmer, Sekretärinnen, Chauffeure, Fotografen, Reporter, Kommentatoren und Kabarettisten. Und kräftig gebessert hat sich auch die Situation auf dem Aktienmarkt. Wenn die großen Firmen Leute einstellen, fällt der Dax. Erfahrungsgemäß springen dann Devisenhändler und Spekulanten in hellen Haufen von Hochhausdächern und aus den Fenstern. Dadurch werden zahlreiche Arbeitsplätze an der Börse frei. Das als Erfolg zu verkaufen erfordert allerdings unsere ganze Phantasie, und manchmal beklage ich mich bei mir selbst, daß ich nicht so einen feinziselierten goldenen Humor habe wie Du ...

Wie bist Du eigentlich damals mit Arbeitgeberpräsident Dieter Hundt ausgekommen? Für mich ist das ein total bornierter Schrottkopf. Neulich hat er gesagt: »Ich setze darauf, daß es sich keine Regierung leisten kann, die Interessen der

Wirtschaft mit Füßen zu treten.« So ein Satz ist doch ein Haufen hellbrennende Giraffenscheiße! Aber ich weiß, was er meint. Er meint, mit Füßen darf man nur die Arbeiterschaft treten oder die Angestellten, aber nicht »die Wirtschaft«. Daß die Getretenen sich dann fragen, »wer ist das denn überhaupt, die Wirtschaft, für wen wirtschaftet die, und vor allem, wer arbeitet denn für ihre Interessen?« und ihrerseits Herrn Hundt am liebsten in den Arsch treten möchten: Das ist dem Herrn egal. Und ich muß dann wieder beschwichtigen. Manchmal wünsche ich mir, ich könnte den Hundt in ganz dünne Scheiben schneiden und damit mein Badezimmer fliesen ...

Hast Du, lieber Norbi, nicht auch gelegentlich darunter gelitten, mit was für Leuten man sich in unserer Position an einen Tisch setzen und Kompromisse schließen muß? Hundt und sein Kumpel Henkel vom BDI haben nur ein Credo, und das hat das Handelsblatt im vergangenen Oktober in einer Überschrift zusammengefaßt: »Niedriglöhne eröffnen bessere Einkommenschancen für alle.«

Ich weiß, Norbi, Du traust uns auch nicht sonderlich viel zu. Das liegt natürlich daran, daß Du Dich in der Materie auskennst und selbst auch erkennen mußtest, da ist nichts mehr zu löten an der Holzkiste.

Aber was soll man davon halten, wenn dieser Hundt erklärt: »Rot-Grün wird den Standort Deutschland vor die Wand fahren.«

Ich frage Dich: Wie fährt man denn so einen Standort? Ist der Standort nicht eher ein Sitzplatz? Zum Beispiel in einem Auto? Fährt man damit nicht auf einen Parkplatz?

Warum sagt er dann »Wand«? Welche Wand meint er? Die Eigernordwand, sein Gewand, einen Wandschrank oder die Schrankwand? Und wieso vor die Wand und nicht gegen? Und wenn nicht gegen: Warum dann nicht hinter? Wo befindet sich überhaupt diese Wand? Etwa in China? Meint er die dortige Mauer? Und ist die identisch mit der Berliner Mauer? Befindet die sich nicht in unseren Köpfen? Also wahrscheinlich ist

Hundt der Ansicht, Rot-Grün wird den Sitzplatz Deutschland gegen die chinesische Schrankwand in unseren Mauerköpfen auf einen Berliner Parkplatz fahren.

Ich sag Dir ehrlich, Norbi, ich frage mich: Wie wird man eigentlich Arbeitgeberpräsident? Wahrscheinlich muß man nicht nur den Nachweis überdurchschnittlicher Doofheit erbringen, sondern auch eine spezielle Trunkenheitsausbildung absolvieren …

Na ja, und dann der Eichel. Gut, seine Brille hat keinen Pelzbesatz, aber wie noch jeder Finanzminister hat auch er eine Ausstrahlung wie ein Portokassendefraudant. Sieht er nicht aus wie ein von ihm selbst gepacktes Sparpaket? Wenn schon sparen, habe ich zu ihm gesagt, dann richtig, dann geh ans Eingemachte, Hans, und laß es richtig krachen:

Bundeswehr aus dem Nato-Einsatz auf dem Balkan sofort zurückbeordern, alle Bergleute auf die Straße setzen, die Langzeitarbeitslosen und Sozialhilfeempfänger sich selbst überlassen, die Expo 2000 absagen, den Aufbau Ost für beendet erklären, den Berlin-Umzug stoppen, auf sämtliche Zukunftsinvestitionen verzichten und die Mehrwertsteuer radikal erhöhen. Außerdem alle Kultursubventionen ersatzlos streichen – Gräfin Mariza und Konsorten müssen staatlicherseits nicht unterstützt werden. Mach mal ein Theater dicht: Glaubst Du wirklich, da stehen dann die Abonnenten vor der Tür, klopfen und rufen: »Wir wollen da rein!« Wenn eine Kneipe dichtmacht und die Durstigen nichts zu trinken kriegen, sieht das ganz anders aus!

Eine saftige Einsparung wäre auch, wenn wir die allgemeine Schulpflicht abschaffen. Überhaupt Kinder! Kinder kosten die Gesellschaft viel Geld und stören die öffentliche Ordnung. Alles, was die öffentliche Ordnung stört, muß mit Bußgeldern und Strafsteuern belegt werden. Rot-Grün sollte analog zur Kfz-Steuer oder der Hundesteuer auch eine Kindersteuer einführen. Für Hunde und Autos gibt es keinen staatlichen Leistungsausgleich. Warum also einen Bonus für Kinder?

Das Ehegattensplitting abzuschaffen ist auf jeden Fall ein Schritt in die richtige Richtung. Darüber hinaus müssen wir alles tun, damit das brünstige Gesindel gar nicht erst auf die Idee kommt, Kinder zu produzieren. Warum sollte der Staat die Produktion des Kostenfaktors Kind auch noch fördern? Schon der Versuch muß strafbar sein und entschlossen verfolgt werden. Wenn wir unserem Land wirklich helfen wollen, wenn wir etwas für die Kindergartenentlastung und gegen den Bildungsnotstand, für eine niedrige Kriminalitätsrate bei Jugendlichen und gegen die Arbeitslosigkeit künftiger Generationen tun wollen, sollten wir die Abtreibung bis zum Abitur fördern, eine gigantische Scheidungswelle in Gang setzen und die Homosexualität unter den besonderen Schutz der Gesellschaft stellen.

Eichel hat wegen dieser Vorschläge nur verkniffen geguckt und dann in seinen Akten geblättert. Aber ich weiß, was ihm vorschwebt, ich kenne seine Visionen – er kämpft für eine der Alterspyramide angepaßte Klassengesellschaft:

Mit 20: schlecht ausgebildet, aber zukunftsgläubig.

Mit 40: total verschuldet.

Mit 60: in der Festung.

Mit 80: auf den Balearen.

Diese horizontale Gliederung will er durch die vertikale Struktur einer dreifachen Spaltung stabilisieren, und zwar in:

Arbeitslose – Arbeitsplatzinhaber,

Ausländer – Inländer,

Ostdeutsche – Westdeutsche.

Ich bin sicher, daß ihm das auf Grund Eurer gediegenen Vorarbeit auch gelingt. Und deswegen bin ich froh, lieber Norbi, daß wenigstens das Herz von CDU/CSU und FDP, seit sie in der Opposition sitzen, so heftig für die Benachteiligten und Entrechteten der Neuen Mitte schlägt ...

Was mich auch völlig fertigmacht, das ist die öffentliche Vergeßlichkeit.

Am 25. März kostete mich der Liter Super 1 Mark 58,

10 Tage später verlangte der Tankwart 1 Mark 72 von mir. Macht 14 Pfennige Unterschied. Aber entsprechend der Ökosteuer kassiert Kollege Eichel davon nur 6 Pfennige. Wer die übrigen 8 Pfennige wegsteckt: Ich weiß es nicht. Ich könnte sie in meinem Ressort gut gebrauchen. Aber das interessiert niemanden. Es schrie auch kein Autofahrer auf, und die Zeitung mit den blinden Redakteuren und den großen Buchstaben organisierte keine Massendemonstrationen. Offenbar hat's außer mir keiner gemerkt. Aber es fragt ja auch niemand, ob die Tornados bei ihren Balkan-Ausflügen eigentlich auch Ökosteuer bezahlen.

Na schön, genug geklagt. Vor einiger Zeit schon hatte Peter Boenisch, der große alte Steuerhinterzieher, die Vision einer Endlösung unseres Gesellschaftssystems. Er schrieb: »Man stelle sich vor, am Ende des kalten Krieges hätte die DDR triumphiert. Von Schröder bis Kohl, von Augstein bis Gräfin Dönhoff säßen alle im Zuchthaus Bautzen und Häftling Biermann würde beim Rundgang singen.«

Tja, schade, sage ich, dumm gelaufen.

Laß es Dir gutgehen, alter Freund, und sei gegrüßt von

Deinem doch ziemlich verbitterten

Walter.

Ende Juli 1999

WOLFGANG THIERSE, *der Präsident des deutschen Bundestages, schreibt inmitten von Umzugskartons an die 22jährige Anlagenelektronikerin Tanja Kreil, die sich vor dem Europäischen Gerichtshof in den Truppendienst der Bundeswehr einklagt.*

Liebe Tanja – ich darf Sie doch so nennen? In Ihrem schweren Kampf um Chancengleichheit möchte ich Sie meiner und der Unterstützung vieler wohlmeinender Bundestagsabgeordneter versichern.

Wir alle stehen wie ein Mann hinter Ihnen und wünschen uns, daß Ihr mutiges Vorpreschen die allzu engen Grenzen des Grundgesetzes in der Frage von Waffengleichheit bei Männern und Frauen sprengen möge. Die Epoche, da die Waffen einer Frau vorzugsweise Lippenstifthülsen waren, geht zu Ende, und es ist für unser Volk überlebensnotwendig, daß in einer Zeit, in der immer mehr junge Männer lieber Alte, Kranke und Behinderte pflegen als erschießen, junge entschlossene Frauen in den bewaffneten Dienst am Vaterland streben.

Wir haben es in diesen Wochen ja auch mit dem Phänomen zu tun, daß die Bundeswehr sogar dem Anspruch schwuler Männer auf Beförderung nachkommen soll, da kann die Truppe Frauen, die ganze Kerle sind, gut gebrauchen. Ich denke, daß gerade Lesben es in der Kommandostruktur weit bringen können, aber auch, wenn Sie keine Lesbe sind: Hauptsache, ein Anfang wird gemacht, und was nicht ist, kann ja noch werden, zumal im Kasernenhofmilieu.

Wenn Sie dieses Gefecht vor dem Europäischen Gerichtshof

siegreich bestehen, ist die vorletzte Männerbastion, der Kriegerstand, gefallen. Dann ist Ihrem Geschlecht nur noch – und wer weiß, wie lange? – der Beruf des katholischen Priesters verwehrt. (Die Frage nach weiblichen Henkern stellt sich bei uns einstweilen nicht, aber ich denke, da gibt es keine verfassungsrechtlichen Bedenken.)

Das Wandern im Gleichschritt, gemeinsames Singen deutscher Marschlieder, eindeutige Kommandos und naturnahes Robben über Mutter Erde sind für die Entwicklung deutscher Frauen gewiß von Nutzen, und auch die Frauen, die bislang nur in den Ambulanzen oder unter dem Zeichen des Roten Kreuzes ihrer soldatischen Pflicht nachkamen, sollten beherzigen: Nur, wer weiß, wie ein Bein im Felde militärgerecht zerschossen wird, kann es im Sanitätszelt auch im Gefühl beruflicher Befriedigung amputieren.

In Zeiten, da das Recht auf Arbeit nicht von allen wahrgenommen wird, ist das Recht auf finalen Schußwaffengebrauch für alle um so entschlossener einzufordern. Und lassen Sie sich, liebe Tanja, nicht von all jenen Schwangerschaftsargumenten negativ beeinflussen: Die schwangere Soldatin unterscheidet sich in nichts von jeder anderen schwangeren Arbeitnehmerin, und auch in unseren Kasernen gibt es Senfgurkeneis oder Hering mit Schlagsahne, wenn es Sie danach gelüstet.

Deutschland hat ja, wie Sie wissen, an der Seite seiner Alliierten gerade den Krieg gegen Serbien gewonnen. Zur Zeit sichern unsere Soldaten die Ausreise der Serben aus dem Kosovo, um eine erneute ethnische Vertreibung zu verhindern, und ich bin sicher, unsere Jungs freuen sich schon jetzt darauf, wenn Sie zu ihrer Verstärkung einrücken.

Vergessen Sie nicht, es handelt sich nach wie vor um einen humanitären Einsatz, der auch politisch von großem Gewicht ist!

Unser Kanzler hat anläßlich seines Besuches im Kosovo erklärt, der Bundeswehreinsatz sei geeignet, die historische Schuld »wenn nicht vergessen, dann doch verblassen« zu lassen. Das heißt: Die deutschen Truppen sind in der Region, um das schlechte Image Deutschlands aus der Nazizeit aufzubessern, und man solle auf jugoslawischer Seite den Naziterror mit diesem Bundeswehreinsatz verrechnen und endlich vergessen.

Außerdem hat uns der Bundeskanzler erklärt, warum die Bundeswehr im Kosovo ist: Die Truppe nimmt uns in Deutschland die Aufgabe ab, die Flüchtlinge »zu beherbergen«. Das bedeutet, unsere Bundeswehr ist ein legitimes Instrument der Asylpolitik, und das ist gerade für die Zukunft wichtig, denn die notleidenden albanischen Familien werden alle versuchen, wenigstens ein Mitglied zum Geldverdienen in die reichen westlichen Länder zu schicken – das mag man dort als Selbsthilfe ansehen, aber für uns handelt es sich um illegale Einwanderung, die es zu verhindern gilt.

Also, es erwarten Sie schwierige, aber auch lohnende Aufgaben.

Ich kann mir allerdings auch vorstellen, daß Sie als sensible Frau Ihren künftigen (auch Out-of-Aerea-) Einsätzen nicht ohne leichtes Unbehagen entgegensehen. Lassen Sie mich Ihnen dazu sagen, was ich von schlachterfahrenen Soldaten weiß: Kämpfen heißt für uns, aus großer Höhe und aus absolut sicheren, vollklimatisierten und gut gepolsterten Flugzeugkanzeln Bomben abzuwerfen, ohne durch Schmerzensschreie und den Anblick von Verletzten und Verstümmelten oder durch Leichengeruch belästigt zu werden. Mit bajonettschwingenden und nach Knoblauch riechenden serbischen Schnurrbartträgern werden Sie wohl kaum in näheren Kontakt kommen. Und die nach siegreichem Einsatz bei einem kühlen Drink im Casino stattfindenden Gefechtsbesprechungen und die Auswertung der Kollateralschäden sollen von ausgesprochen kameradschaftlichem Betriebsklima geprägt sein.

Also, liebe Tanja, ich freue mich schon auf Ihre öffentliche Vereidigung. Wir werden für Sie an historisch bedeutsamem Ort vor geladenen Gästen eine unvergeßliche Zeremonie veranstalten, die nur noch von jener Gala übertroffen wird, wenn Ihnen und Ihren tapferen Kameraden der Bundespräsident dereinst das silberne Lorbeerblatt und andere Orden und Ehrenzeichen an die Brust heftet.

Sollten Sie es jedoch vorziehen, mit der Waffe in der Hand auf dem Feld der Ehre den Dienst am Vaterland zu quittieren, wird Ihnen ein Ehrensalut zuteil und als letzter Gruß das ehrfurchtgebietende: »Ich hatt' eine Kameradin.«

Mit einem herzlichen »Sprung auf, marsch, marsch« grüßt Sie Ihr

Wolfgang Thierse.

1. August 1999

HANS MARTIN BURY, *Staatsminister im Kanzleramt, dessen Auftreten und Ausstrahlung eindringlich an den jungen Kohl erinnern, bastelt sich mangels anderer Aufgaben im Sommerloch einige private Aktennotizen.*

Von Franz Müntefering erhielt ich zwei Merksätze:

1. »Heimfahrten sind im Regelfall (Hin- und Rück-) Fahrten zwischen dem neuen Dienstort und dem bisherigen Wohnort.«

Dazu Frage: Was ist im Fall, daß die Regel ausbleibt?

2. »Im Fall des Vorwegumzuges sind jedoch unter Heimfahrten die (Hin- und Rück-) Fahrten zwischen dem noch nicht verlegten alten Dienstort und der neuen Wohnung am künftigen Dienstort zu verstehen.«

Dazu Frage: Ich kann den Vorwegumzug in keinem Fahrplan finden. Hält der nicht überall?

Der Verband Bayerischer Lokalrundfunk teilt mit, der bayerische Lokalrundfunkpreis geht an einen Lokalrundfunkpreisträger, der sich um den bayerischen Lokalrundfunk besonders verdient gemacht hat. Der erste Preisträger des ersten bayerischen Lokalrundfunkpreises ist Edmund Stoiber, weil er den bayerischen Lokalrundfunk ermöglichte. Dazu in die Planung nehmen: Diesen Preis bundesweit ausdehnen und dem Kanzler verleihen. Grundsätzlich eine Lokalrunde ausgeben, wenn er im Funk ist.

Der stellvertretende Fraktionsvorsitzende der SPD im Bundestag, Michael Müller, hat erklärt, Gregor Gysi wolle mit seinen 12 Thesen über einen »modernen Sozialismus« linke Sozialdemokraten für die PDS werben, und ein solches Rattenfängertum sei zu verurteilen.

Nachfragen: Sind linke Sozialdemokraten nach unserem Selbstverständnis Ratten?

Die Briten diskutieren eine Gesetzesvorlage zur Verschärfung der Strafen bei date rape. Gemeint sind freiwillige Verabredungen (dates), die mit erzwungenem Geschlechtsverkehr (rape) enden. Frauenrechtlerinnen verlangen, daß Männer, die wegen date rape angezeigt werden, künftig beweisen sollen, daß sie von Frauen eine ausdrückliche Zustimmung erhalten haben, am besten eine schriftliche Einverständniserklärung.

Anregung: Alle Abgeordneten, die nach England fahren, sollen außer den Kondomen auch entsprechend vorbereitete Formulare bei sich haben, die man blockweise von der Bundestagsdruckerei beziehen kann.

Gute Antwort auf die Frage nach dem Unterschied zwischen Gerhard Schröder und Gott: Gott glaubt nicht, Gerhard Schröder zu sein.

Umfrage von Kimberley-Clark (Kleenex-Hersteller): 68 Prozent aller Kleenex-Kunden wollen, daß das erste Blatt der Toilettenpapierrolle von oben und von vorn abrollt. 25 Prozent ziehen es vor, wenn der Rollenanfang umgekehrt am Halter, also zur Wand hin hängt. 58 Prozent falten ihr Toilettenpapier vor Gebrauch, 35 Prozent knüllen es lieber zusammen.

Unumgänglich: In dieser Frage muß der Kanzler ein Machtwort sprechen, und zwar von oben und von vorn. Aber wenn's sein muß, auch von unten hinten.

Anfang August 1999

Ottmar Schreiner, *der Bundesgeschäftsführer der SPD, entwirft beim Anblick eines Kinderspielplatzes eine für alle SPD-Funktionsträger verbindliche Standardbegrüßungsrede.*

(Anrede je nach Location)
Zunächst einmal möchte ich Dank sagen für euern Sinn für Interesse und euer unermüdliches Engagement für unseren Einsatz.

Dankeschön, vielen Dank, dankesehr.

Wir demonstrieren auch hier und heute wieder Geschlossenheit, denn nur im geschlossenen Auftreten liegt unsere Handlungsfähigkeit. Wir sind nicht nur geschlossener als andere, wir sind von allen Geschlossenen die Geschlossensten, und zwar in sämtlichen Bereichen: im zwischenmenschlichen, im sportlichen, im gentechnischen, im politischen und im sozialen sowieso und vor allem auch im sprachlichen, im Jugend- und Altenbereich, im Polizei- und Freiheitsbereich, im Abwehrbereich unserer Nationalmannschaft, also, in allen Lebensbereichen und in jedem Bereich, in dem es die verschiedenen Bereiche gibt. Im Bereich Geschlossenheit lassen wir uns von niemandem an Geschlossenheit übertreffen. Das ist unser Ziel.

Der Problembereich, um den es uns nicht erst seit heute, aber auch in Zukunft geht, und das sage ich aus tiefster Überzeugung mit allem Nachdruck, ist in mancher Hinsicht problematisch. Die internationalen Fragen, das ist ja eine historische Tatsache, denen wir uns auch in Anbetracht der angespannten

Situation in unserem Lande ohne große Worte unter erschwerten Umständen stellen, sind ohne Zweifel fragwürdig.

Ich betone das in vollem Ernst, weil komplizierte Lösungen einfacher Probleme niemals einer besonderen Betonung bedürfen. Aber darum geht es ja nicht.

Wir müssen erkennen: Ein europäischer Stabilitätsanker jenseits des Tellerrandes schafft keine neuen Arbeitsplätze, das ist Schnee von gestern, den werden wir zu gegebener Zeit in aller Ruhe abhaken, das sind unsere Hausaufgaben, und die werden wir erledigen, und dann können wir immer noch die Anker hieven.

Wir sollten aber immer eingedenk sein: Seit Bestehen der Bundesrepublik haben die Essentials der europäischen Staatengemeinschaft eine Signalwirkung auf den Industriestandort Deutschland, die wie ein essentielles Signal wirkt, und es ist ganz sinnlos, hier eine eindimensionale Haushaltsplanung ins Auge zu fassen, die keinen eindimensionalen Sinn macht.

Wir stehen dafür: Wir werden in dieser Gretchenfrage keine Menetekel in den Wind schreiben, das haben wir nicht nötig. Wir werden im Vorfeld unserer Überlegungen Diskussionen zu führen haben, die wir in Anbetracht des wirtschaftlichen Aufschwungs mit Augenmaß diskutieren werden. Und wenn da nun Fragen auftauchen, wo Anbetracht liegt, darf ich euch sagen: Ich gehe davon aus, Anbetracht liegt im Vorfeld. Im Vorfeld unserer Gute-Laune-Politik.

Ich danke euch für eure Aufmerksamkeit. Der Bereich Salami- und Camembertschnittchen ist maximiert, ihr dürft jetzt in den Buffetbereich vorrücken, aber geschlossen, Abteilung nach Abteilung.

10. August 1999

DORIS SCHRÖDER-KÖPF, *ehemals scheinselbständige Journalistin bei Antenne Niedersachsen, schickt an den Berliner Kaufhof-Chef Günter Biere aus dem Urlaub in Positano den folgenden Brief.*

Sehr geehrter, lieber Herr Biere,
vorgestern, am Sonntag, habe ich mir einige Toilettenartikel und für meine Tochter frische Unterwäsche gekauft – das kann man hier am Sonntag. Als ich dann nachmittags am Strand dem Gerd mit Sonnenmilch die Oberschenkel eingeschmiert habe, konnte ich ihm richtig klar machen, wie toll es ist, wenn die Läden am Sonntag geöffnet sind. Gerd sagte auch, die Gewerkschaften haben immer gefordert, Samstag gehört Papa mir, von Sonntag war nie die Rede.

Weil ich mir gut vorstellen kann, wie sehr Sie in der öffentlichen Diskussion um die Ladenschlußzeiten unter Druck gesetzt werden, möchte ich Ihnen gern mit den Argumenten einer Hausfrau und Mutter zur Seite stehen.

Also erst mal: Lassen Sie sich bloß nicht von der Kirche verunsichern.

Ich sag mal so: In Hannover gibt's sonntags in der Tankstelle bei uns auf der Ecke alles. Und das Gemeinschaftsgefühl, was die Leute da beim Einkaufen entwickeln, ist viel intensiver als alles, was ein leeres Gotteshaus zu bieten hat.

Gerd sagt, dann muß man eben die Tankstelle dichtmachen und beschmierte Brötchen, Saft, Schokoriegel, Bier und Bild am Sonntag und meinetwegen auch Benzin in Zukunft in der Sakristei verkaufen. Ich fand das eine sehr gute Idee, denn dann können die Leute zum Beten zu Karstadt gehen oder zu Ihnen in den Kaufhof.

Ich meine, zwei oder drei Umkleidekabinen in der Damenoberbekleidung können Sie doch zu einer gemütlichen Kapelle umdekorieren lassen, oder? Ich halte es für echt überholt und altmodisch, wenn unsere Gegner sagen, niemand soll sonntags arbeiten, der nicht unbedingt arbeiten muß, also Ordnungskräfte, medizinisches Personal, öffentliche Versorgung, und der Sonntag ist ein Kulturgut. Für was? Auf Kommunikation mit Bekannten, Straßenfeste und Verwandtenbesuche kann ich gut verzichten. Hauptsache, Gerd hat frei und hilft mir ein bißchen beim Gemüseputzen.

Gut, sicher gibt's immer Leute, die den Sonntag für die Schwarzarbeit brauchen. Aber sonst kenne ich niemanden, der eine Kultur hat, vor der man den Sonntag schützen muß. In vollen Warenhäusern einkaufen – das ist unsere Kultur.

Gerd wollte mich necken und hat gesagt, als man im November 1996 das Ladenschlußgesetz änderte, hat man eine Umsatzsteigerung von 20 Milliarden und einen Anstieg der Beschäftigtenzahlen um 50 000 vorausgesagt, und nichts davon ist eingetroffen.

Na und? habe ich da nur geantwortet, daran haben die Menschen doch selbst schuld, die geben eben nicht alles aus, was sie haben, sondern weniger. Gott sei Dank sind die Touristen fern der Heimat, in Berlin am Alex oder so, ganz anders: Die geben ja immer mehr aus, als sie eigentlich wollen. Wer wirklich gerne einkaufen geht, der nimmt auch gerne einen Kredit auf oder leistet sich Ratenkäufe. Natürlich können diese Leute dann in den folgenden Monaten oder Jahren nicht mehr so viel einkaufen, aber auf eine Kundschaft, die sowieso kein Geld hat, können Sie ja bestimmt verzichten.

Ich meine, wenn's denn gar nicht anders geht, wäre es ja auch schön, wenn die Warenhäuser sonntags aufhaben, aber mangels Kundschaft montags bis mittwochs geschlossen bleiben. Auch als berufstätige Frau habe ich es immer sehr genossen, wenn ich unter der Woche mal frei hatte. Das war dann wie Sonntag.

Gerd sagte noch, die Citykaufhäuser machen die kleinen Geschäfte platt, und die Einkaufsmärkte außerhalb der Städte auf dem platten Land machen die Citykaufhäuser platt. Da habe ich nur geantwortet: Das ist doch ganz einfach, da mußt du deinem Volk gesetzlich vorschreiben, in Einkaufsmärkten nur noch sonntags einzukaufen.

Ich seh das so: Die Sonntagskultur der Zukunft ist der Familieneinkaufsausflug. Soviel Freiheit muß sein.

Was ich mich in dem Zusammenhang aber immer wieder frage: Warum sollen eigentlich nur Verkäuferinnen und Verkäufer sonntags arbeiten? Warum nicht auch alle Beamten in Behörden und Ämtern, alle Angestellten in den Banken, alle Arbeiter in den Fabriken und selbstverständlich auch alle Wirte und Köche in den Kneipen?

Außerdem bin ich für die sofortige Einrichtung von Sonntagsschulen. Lehrer brauchen keinen Sonntag, und Kinder schon gar nicht. Niemand braucht wirklich einen Sonntag. Gerd sagt, das sei vollkommen richtig, und ich sei ein großes wirtschaftspolitisches Talent, besser sogar als er in meinem Alter. Es gehe ja nicht darum, das Einkaufen am Sonntag zu erlauben, sondern den Sonntag wegen des Einkaufens zu verbieten, und das werde er mit aller Entschlossenheit durchsetzen und ein Machtwort sprechen, weil er Chef im Ring ist.

Lieber Herr Biere, wenn wir wieder in Berlin sind, wird der Gerd am Sonntag, ganz früh um sechs Uhr, am Tor von Ihrem Kaufhof am Berliner Alexanderplatz rütteln und mehrmals laut rufen: »Ich will hier rein!« Das wird sicher auch wieder ein großer politischer Erfolg werden. Aber sorgen Sie bitte dafür, daß sich Fotografen und Fernsehen bereithalten. Und Gerd sagt, er erwartet dafür eine saftige Parteispende von Ihnen. Rufen Sie Bury diesbezüglich an, ich werde ihn instruieren.

Herzliche Grüße aus Positano – Ihre Doris S.-K.

12. August 1999

KARL-HEINZ FUNKE, *Bundesminister für Ernährung, Landwirtschaft und Forsten, nutzt die Urlaubszeit, seinem Freund, dem amerikanischen Farmer James Carter jr., der in Deutschland stationiert war und leidlich deutsch spricht, Deutschland im Sommerloch zu schildern.*

Hallo James,
gestern hatten wir hier eine Sonnenfinsternis (sundarkness). Alles zappenduster! Die Vögel flogen tief, und meine Kühe haben sich mittags auf der Weide hingelegt. Yes, wirst Du sagen, kaum regieren die Sozis, geht mitten am Tag das Licht aus. Bei deren Sparmaßnahmen wird sogar das Licht knapp. Aber ich antworte: Das war nur eine erste kurze Sparmaßnahme. Den Osten Deutschlands (darkland) haben wir dabei ausgenommen, bei denen ist es sowieso schon finster genug, dafür haben wir den schwarzen Bayern die Hauptlast aufgebürdet, um ihnen mal zu zeigen, wozu wir letztlich imstande sind, wenn sie uns dauernd krumm kommen. Alles in allem war es eine gelungene Aktion – fast alle Deutschen hatten Sonnenschutzbrillen auf und sahen aus wie Insekten. Wir überlegen jetzt, ab dem 3. Sept. 2081 (da ist die nächste Sonnenfinsternis) eine besondere Verdunkelungsabgabe für die Hersteller von solchen Sonnenschutzbrillen zu erheben.

Überhaupt hatten wir einen sehr schönen Sommer, ganz ruhig und ohne besondere Vorkommnisse. Am spannendsten war noch die Jagd nach einem ausgebrochenen Verbrecher. Die

Polizei hat immer gerade da gesucht, wo er nicht mehr war. Die Bevölkerung hat unheimlich viele Hinweise geliefert, weil sie ihn überall gesehen hat – sogar aus Schottland wurde angerufen, weil er angeblich versucht hatte, Nessie im Loch Ness zu vergewaltigen. In Thüringen schließlich hat die Polizei einen harmlosen Wanderer (wanderer) umgelegt, um überhaupt erst mal ein Erfolgserlebnis zu haben. Aber Ihr habt ja auch dauernd Probleme mit Kriminellen und Amokläufern. Das liegt ja wohl an Euern Waffengesetzen – das ist wie bei uns mit dem Tempolimit. An solchen gesellschaftlichen Tabus kann man nicht rütteln. Wenn ich Euch einen Rat geben darf: Eure minderjährigen Scharfschützen (natural born killers) solltet Ihr einfach nach Belgien deportieren – da können sich die Outlaws dann gegenseitig neutralisieren ... Im Zusammenhang mit der Polizei kann ich Dir noch eine tolle Story erzählen. Die ist schon letzten Oktober passiert, aber ich habe sie erst jetzt gehört. Ich glaube, so was wäre bei Euch nicht möglich.

Also: Ein Anwohner entdeckt praktisch bei mir um die Ecke, in Bramstedt, einen nackten Mann, der seine Kleidungsstücke verbrennt. Ein Streifenwagen (zebracar) erscheint, der Nackte setzt sich erst mal in sein Auto. Ein Polizist zieht die Pistole (hands up). Der Nackte fuchtelt mit einem kleinen Küchenmesser herum und sagt, er will die Polizisten in Streifen schneiden. Er leidet, wie sich vor Gericht rausstellt, an schizophrenen Schüben, ist aber sonst eher unauffällig und auch im Wahn noch nie mit dem Gesetz in Konflikt gekommen. Er steigert sich immer mehr in seine Angst hinein, dann läuft er weg. Nach einiger Zeit kommt er wieder und scheucht die Uniformierten durchs Gelände – drei Mann! Als der Richter sich wundert: »Ich verstehe nicht, daß Sie sich zu dritt von einem nackten Mann mit einem kleinen Messer den Weg entlang treiben lassen, der konnte Sie doch unmöglich alle zugleich angreifen«, antwortet einer der Polizisten: »Ich riskiere doch nicht mein Leben.« Auf die Idee, einen Warnschuß abzugeben, kam keiner. Schließlich schießt einer der drei gezielt. Der

Nackte, obwohl im Bauch getroffen, zeigt keine Reaktion. Nach einem zweiten Schuß ins Knie dreht er sich um und flieht. Jetzt schaffen es die drei Polizisten sogar, ihn zu verlieren. Schließlich stellt ihn ein Polizeigroßaufgebot (great bann) auf einem Bauernhof, wo er sich widerstandslos festnehmen läßt.

Du siehst, auch wir hier haben unsere Police Academy, aber live.

Die drei Polizisten gehen übrigens weiterhin unangefochten ihrem Dienst nach, und der Nackte ist wieder o. k., außer, daß er eben manchmal seine Schübe (pushs) kriegt. Ihr hättet ihm wahrscheinlich die Giftspritze verpaßt, oder?

Sonst ist bei uns nichts Berichtenswertes passiert. Vielleicht interessiert es Dich als Farmer, daß wir jetzt anfangen, gentechnisch verbesserte Reben anzupflanzen. Gene der Gerste werden in die Weinpflanzen eingesetzt, und wir versprechen uns davon Resistenz gegen Pilzbefall. Das gibt dann höchste Erträge und satte Gewinne – dann könnt Ihr Euern Kalifornier wieder alleine trinken. Natürlich laufen die Ökopuristen Sturm dagegen, aber was soll's: Die merken ja meistens nicht mal, wenn der Wein verschnitten, mit Glycol gestreckt und in Weißblechdosen abgefüllt ist. Und was heißt da schon »altes Kulturgut«?

Dieses Volk von angeblichen Genießern mischt unser gutes Bier mit Eurer ekligen Cola, und Pommes mit Mayo sind auch eine entsetzliche Demütigung unserer feinen alten »Sieglinde«.

Zum Schluß habe ich noch eine Frage an Dich. Ich habe eine kurze Zeitungsnotiz bei uns gelesen, daß man an der Universität von Philadelphia und an der Rutgers-Universität in New Jersey eine Geruchsstudie angefertigt hat. Zwei Wissenschaftlerinnen ließen Kinder, Frauen und Männer unterschiedlichen Alters zehn Stunden lang Gazebällchen (cotton plugs) in den Achselhöhlen (shoulder caves) tragen. Damit nur der Körpergeruch von dem Stoff aufgesogen wurde, durften die Versuchspersonen vier Tage vor dem Versuch weder Parfums und Deos benutzen noch Knoblauch essen. Dann mußten 300 Studenten an den Duftproben riechen. Dabei ergab sich: Vor allem der Duft älterer Frauen nach der Menopause ist anregend und hebt die Laune. Die Ausdünstungen junger Männer hingegen sind eher abstoßend, sie müffeln nach Aggression.

Kannst Du über diese Untersuchung Näheres in Erfahrung bringen? Ich meine nämlich, auch ziemlich gut aus der Achselhöhle zu riechen, obwohl ich von Hause aus Bauer bin, und wenn wissenschaftlich erwiesen wäre, daß ich alter Sack über sympathieweckende Ausdünstungen verfüge, würde das mein Selbstbewußtsein ganz ungemein stärken, und ich könnte, wie früher, beim nächsten Feuerwehrball wieder mal im Unterhemd erscheinen. (Die Sache mit meinem schwarz gedeckten Dach ist übrigens vom Tisch. Es war alles ein Irrtum. Mein Dach ist gar nicht gedeckt worden, sondern eins meiner Mutterschweine.)

Habe ich was vergessen? Ach ja: How are you? Laß mal wieder von Dir hören, my dear old fellow.

Dein Karl-Heinz.

Mitte August 1999

GÜNTER VERHEUGEN, *EU-Kommissar in Brüssel, bittet in einem sog. Non-Paper einen alten FDP-Freund, ihn mit Argumenten zu munitionieren, weil er sich in der deutschen Finanzdebatte nicht mehr zurechtfindet und deswegen jedem Gespräch mit seinen europäischen Kollegen aus dem Weg gehen muß.*

Sehr verehrter, lieber Hans-Dietrich,
als ich 1982 von der FDP zur SPD gewechselt bin, daran kann ja wohl kein Zweifel bestehen, folgte ich nicht nur der Erwartung einer langfristigen beruflichen Perspektive, sondern auch meinem sozialen Gewissen.

Jetzt habe ich eine ausgezeichnete soziale Perspektive und beruflich ein erstklassiges Gewissen, aber ob die SPD langfristig meine Erwartungen erfüllt, daran habe ich große Zweifel. Laß mich Dir von meinen Sorgen erzählen, vielleicht kannst Du mir mit Deinem geschätzten Rat gelegentlich weiterhelfen. Ich blicke einfach nicht mehr durch, der Pulverdampf der Platzpatronen nebelt mich ein.

Was will dieser Herr Struck? Seit wann darf der einfach so drauflos schwadronieren? Natürlich ist unser Steuersystem kompliziert, aber doch aus gutem Grund: Wenn wir es simplifizieren, verlieren Tausende von Steuer- und Anlageberatern ihre Existenzberechtigung. Und warum will er partout die Steuern senken? Weiß er nicht, daß ich und Du und er selbst auch sowie Tausende von unseresgleichen von eben diesen

Steuern leben? Will er uns an den Bettelstab bringen? Oder steckt eine abgesprochene Taktik dahinter? Das wäre dann eine Meisterleistung: Zahlreiche Sozialdemokraten erheben jede nur denkbare politische Forderung. Was immer ein Unionskamerad an Kritik oder Vorschlägen äußert, das hat schon längst ein Sozi verlangt. Und wenn Union und Freidemokraten die nächsten Wahlen gewinnen, kommen sie nicht darum herum, den einen oder anderen SPD-Vorschlag zu realisieren. Dann, in der Tat, war es geradezu bravourös von diesem Herrn Struck, die FDP-Steuerpolitik zu konfiszieren und in SPD-Eigentum zu überführen.

Weißt Du, verehrter Meister, etwas von solchen Taktierereien? Dann weihe mich bitte ein, bevor ich meinerseits einige Ideen auf den Markt werfe, die ich bislang noch zurückhalte, weil sie möglicherweise ein Erdbeben auslösen.

Ich war zum Beispiel sehr erstaunt, daß die reichen Staaten auf dem Kölner Gipfel den armen Entwicklungsländern einen relativ großzügigen Schuldenerlaß gewährt haben: Die reichen Staaten sind doch selbst total pleite. Die 200 Milliarden Dollar Schulden der 41 Entwicklungsländer – das ist gerade mal soviel wie die Verschuldung von Nordrhein-Westfalen, Bayern und Sachsen. Ständig müssen wir neue Kredite aufnehmen, um die Zinsen unserer Staatsverschuldung bezahlen zu können. Aber der Kollege Eichel will bei seinem eigenen Volk 30 Milliarden einsparen. Ein Wahnsinn! Aber gut, wenn's denn sein muß – er soll nur in die richtigen Taschen greifen.

Ich war bisher immer der Meinung, wie hoch oder wie niedrig der Spitzensteuersatz für die Besserverdienenden angesetzt wird, spielt überhaupt keine Rolle: Es macht ja keinen Unterschied, ob der Multimillionär Schiebeguth nun 56 Prozent, 48,5 Prozent oder 35 Prozent Steuern nicht bezahlt – dem Kollegen Eichel entgeht dadurch keine Mark, die ihm nicht jetzt schon vorenthalten wird.

Es ist doch nicht die Weigerung unserer Regierung, die Reichen stärker zu besteuern, die den Sachzwang schafft, den Sozialabbau voranzutreiben, sondern die Einsicht, daß sich in unserem System die Reichen eben nicht besteuern lassen.

Was nun die im Konsum eingeschränkteren Mitbürger angeht, da sieht die Sache anders aus: Die müssen eben arbeiten. Die Klage, es gebe keine Arbeit, ist natürlich Unsinn. Da greife ich als gelernter Liberaler auf unseren guten alten Dahrendorf zurück, der mir schon vor vielen Jahren beibrachte: Arbeitslosigkeit ist kein Naturgesetz, sondern eine Folge des Preisvorteils der Technik gegenüber der Arbeit. Daraus müssen wir schließen: Die Lohn- und Gehaltsabhängigen müssen gegen den technischen Fortschritt konkurrieren, sie müssen einen Wettlauf zwischen ihrem Einkommen und den Preisen der Technik starten.

Will sagen: Wenn Buchhalter Mayer schneller und präziser rechnet als sein Computer, kriegt er den Job. Natürlich wird bei fortschreitender Rationalisierung die Technik immer preiswerter, und im gleichen Maßstab schrumpfen die Löhne und Gehälter der Null entgegen.

Wenn nun der Genosse Ministerpräsident Kurt Beck aus Rheinland-Pfalz vorschlägt, daß alle Beschäftigten zwei Jahre lang eine Nullrunde einlegen, die aber immer noch eine Lohnsteigerung in Höhe der Inflationsrate beinhaltet – da kann ich nur sagen: Das ist doch ein äußerst großzügiges Angebot! Ein Verschnaufen vor dem großen Wettrennen – denn die Unternehmen sollen die gesparten Lohnkosten ja in neue und noch rasantere Technologie investieren, und da kommt der Konkurrent Mensch erst richtig auf Trab …

Wenn Kollege Beck darauf hinweist, daß wir uns diese Kraftanstrengung leisten können, weil unser Lebensstandard doch sehr hoch ist, hat er auch recht – das DIW hat eine Statistik veröffentlicht, nach der jeder deutsche Haushalt ein Barvermögen von 153000 Mark besitzt. Daß dieser Betrag vielleicht nicht ganz gleichmäßig verteilt ist, das liegt ja wohl an individueller Tüchtigkeit und Leistungsbereitschaft. Und für eine staatsbefohlene flächendeckende Gleichmacherei kann in unserer freiheitlichen Ordnung kein Platz sein, obwohl ich in meinem Herzen gar nicht dagegen wäre, nur: Wer soll's machen? Wer kann das?

Wenn wir den Wirtschaftsstandort Deutschland für das 21. Jahrhundert fit machen und unsere Konkurrenzfähigkeit steigern wollen, müssen wir die sozialen Fortschritte des 19. und 20. Jahrhunderts zurücknehmen.

Da dürfen wir uns nicht von einigen lautstarken Rentnern abschrecken lassen. Die Mindestrente orientiert sich sowieso bis auf weiteres an des Kanzlers Mutter. Ihre erfolgreichste Leibesfrucht hat gesagt: »Wenn ich meine alte Mutter mit ihrer kleinen Rente sehe, finde ich es unanständig, diese Renten auch noch anzutasten.«

Also, die Rente des Menschen ist unantastbar.

Und den Sozialhilfeempfängern müssen wir so weit wie möglich klar machen: Unter einer Isar-Brücke lebt es sich immer noch wohnlicher als in der Kloake von Kalkutta, und 935 Mark Sozialhilfe monatlich sind eine beachtliche Zuwendung einer um ihre Zukunft ringenden Gesellschaft an diese, sagen wir es ruhig, Versager, die aber durchaus eine wichtige Funktion ausüben: als Anschauungs- und Motivationsmaterial für junge Menschen, einen sozialen Aufschwung anzustreben, ferner als Objekte der Barmherzigkeitsobsessionen religiöser Kreise, als Drohpotential bei gesellschaftlichem Fehlverhalten und schließlich als Resteverwerter des Lebensmittel- und Wohnungsmarktes sowie als Vorhut im Kampf der Menschheit gegen die Ratten.

Tja, verehrter Freund und Mentor, bis hierhin kann ich meinen und anderer Leute Gedanken folgen und befinde mich wohl mit Dir, aber auch mit meiner Partei in Übereinstimmung.

Nun aber die alles entscheidende Frage, für deren Beantwortung ich Dir wirklich ungemein dankbar wäre: Wenn Lohnhöhe und das Niveau der Personalzusatzkosten über die wirtschaftliche Wettbewerbsfähigkeit eines Landes entscheiden und wenn von dieser Wettbewerbsfähigkeit wiederum der Grad der Beschäftigung und der Wohlstand eines Landes abhängig sind – warum herrschen dann in Bangladesch oder in Burkina Faso nicht Vollbeschäftigung und Luxus für alle? Sag's mir!

Zum Schluß hätte ich gern noch einen eher privaten, will sagen: väterlichen Rat von Dir.

Der Kanzler gibt die Mode vor – da hat sich viel verändert: Adenauer hatte solchen Firlefanz nicht nötig. Der Außenminister hat sich juniormäßig angepaßt. (Die Ministerin Claudia Nolte hat im Kabinett Kohl Ähnliches angestrebt, wohingegen Ministerin Merkel niemals Wert darauf legte, sich über Gebühr anzuhübschen.)

Gut, in unseren modern times sind solche Fotosessions eine möglicherweise notwendige Öffentlichkeitsarbeit: Eine attraktive Verpackung verstellt den Blick auf allzu flaue Inhalte …

Hast Du die Fotos von Herrn Trittin als Life&Style-Model gesehen?

Wenn ich mich nicht noch an ihn erinnern würde, wie er seinerzeit in Niedersachsen herumirrte in einem Mäntelchen aus Schamanenbart – handgezupft – und ich dachte: Zuviel Folklore führt auch leicht zum Krieg, dann hätte ich angesichts dieser Fotos vermuten können, noch eine Umdrehung weiter, und er geht als Türsteher in der Lederschwulenszene durch. Aber egal, Grüne neigen nun mal gelegentlich zum Selbstmobbing.

Trotzdem – irgendwie scheint diese Form der Politikerpräsentation im Trend zu liegen, und auch ich überlege, mich mittels ausgefallener Textilien zu popularisieren, bevor noch andere auch auf diesen Gedanken kommen und es dann eventuell nicht mehr zeitgemäß ist.

Ich hörte davon, Müntefering plane Fotos in einer seidenen Zugbegleiteruniform von Gucci, und Schily wolle sich auf Plateausohlen im Muscleshirt von Versace ablichten lassen.

Also, kurz und bündig gefragt: Kannst Du mir für mein Fotoshooting nicht einen von Deinen alten gelben Pullovern leihen?

Dafür wäre Dir sehr dankbar

Dein Dich herzlichst grüßender

Günter V.

Ende August 1999

TRATSCHKE *schickt ein Manuskript an Die Zeit und fragt: »Wer war's?«*

In den neunziger Jahren reifte diese Persönlichkeit zu Deutschlands erfolgreichstem Katastrophenmanager: katastrophale Personalpolitik, katastrophale Unternehmensplanung, katastrophale Finanzplanung, und dank katastrophaler Kommunikation ein katastrophales Image ihres Unternehmens machten diese Persönlichkeit zu einer konkurrenzlosen Katastrophe. Wir wollen kurz ihre Vita rekapitulieren: Geboren 1937 als Kind eines enorm reichen Bankiers elbabwärts hinter Hamburg-Blankenese, einer der feinsten Wohngegenden Europas, stand am Beginn der Ausbildung ein Bankpraktikum – mit anderen Worten: Die Papierkörbe mußten geleert werden. Das Politikstudium brach sie ab, aber mit 28 Jahren bestand die Persönlichkeit die Prüfung zum Einzelhandelskaufmann, und seitdem ist sie davon überzeugt, etwas von Wirtschaft zu verstehen. 1966 wird sie Mitglied der CDU, für die sie auch in der Hamburger Bürgerschaft saß. Damals veröffentlichte sie ihr Opus magnum mit dem Titel »Es gibt kein Butterbrot umsonst« – eine Streitschrift wider die Faulpelze, die sich, statt das bittere Schicksal eines Bankiersprößlings zu ertragen, nur in der sozialen Hängematte rekeln, und die Persönlichkeit schalt darin die Leute, die ihr Studium nicht zu Ende bringen, denn davon hatte sie Ahnung. Leider erweckte dieses Buch niemandes Interesse.

12 harte Jahre zwischen 7 und 11 Grad nördlicher Länge als Minister für Wirtschaft und später für Finanzen folgten. Als die Persönlichkeit den Ministersessel räumen mußte, waren

Tausende von Arbeitsplätzen im öffentlichen Dienst abgebaut, und das Land hatte so hohe Schulden wie noch nie. Ihre allseits gerühmte Qualifikation als Einzelhandelskaufmann führte sie anschließend in die Steppe jenseits von Salzgitter, also ins benachbarte Ausland. Hier wurde sie – es war 1991 – Chef einer überaus mächtigen Rechte-Verwertungsgesellschaft mit einem Jahresgehalt von etwa einer Million Mark, und sie zeigte der Welt, was ein deutscher Einzelhandelskaufmann unter glasklarer Marktwirtschaft versteht. Zwar kam es in dieser Zeit zu zahlreichen Skandalen, Pleiten und grotesken Schiebereien, auch waren ihre Personalentscheidungen gelegentlich etwas skurril, aber sie ließ sich von ihrem filzgepolsterten Privatisierungspfad nicht abbringen, und als sie 1994 ihre Tätigkeit abschloß, hatte diese zwar nicht, wie angekündigt, reichen Gewinn gebracht, sondern 275 Milliarden Mark gekostet, aber bis auf ein paar Nörgler an der polnischen Grenze, die sich übervorteilt wähnten, waren die Sachverständigen der Wirtschaft, die sich dank der Mithilfe unserer Persönlichkeit die Taschen gefüllt hatten, des Lobes voll. Und schon rief die nächste Pflicht.

In einer unscheinbaren Provinzmetropole, versteckt zwischen Grünkohl und Zuckerrüben, wurde sie Generalkommissar für ein globales Kommunikationsevent. Warnende Stimmen erhoben sich beizeiten, aber sie und alle Experten versicherten: Nichts, absolut gar nichts werde das Event den Steuerzahler kosten. Als Einzelhandelskaufmann bezieht die Persönlichkeit nun für ihren Katastropheneinsatz 700000 Mark im Jahr plus 500000 Mark Aufwandsentschädigung. (Außerdem, das wollen wir nicht unterschlagen, sitzt sie auch noch für 160000 Mark jährlich im Aufsichtsrat von Gruner+Jahr, dessen Sitzungen möglicherweise die Ursache für die rückläufigen Verkaufszahlen des Stern sind.) Aus dem globalen Kommunikationsevent ist mittlerweile ein schwarzes Loch für Steuergelder geworden, aber unsere Einzelhandelskaufmannspersönlichkeit versteht es meisterhaft, bei Bund und

Ländern immer mehr Subventionen lockerzumachen. Und sie sagt, das, was sie als Generalkommissar auf die Beine stellt, würden sich mindestens 40 Millionen Leute ansehen. Was sie nicht so gern sagt: Bei nur 40 Millionen Besuchern macht das Event schon ein Defizit von 400 Millionen Mark. Und jede Million Besucher, die weniger kommt, vergrößert das Defizit um 40 Millionen. Und wissen wir nicht alle: In diese Provinz fährt nur, wen es wirklich nach Grünkohl und Zuckerrüben gelüstet?

Unsere Persönlichkeit gibt zu, daß sie nie eine Lebensplanung hatte und viele ihrer Positionen sich durch Zufall ergeben hätten. Darüber können wir alle sehr froh sein, denn hätte sie ihr Leben geplant und als Mensch mit Verstand nichts dem Zufall überlassen: Wie leicht hätte das zur Katastrophe führen können …

(Das Grauen hat einen Namen. Die Persönlichkeit heißt Birgittigitt Breuel und ist die Chefin der Expo 2000, einem von Gerhard Schröder initiierten Exhibitionsexzeß.)

1. September 1999

RUDOLF DRESSLER, *Sozialexperte der SPD, konzipiert ein Schreiben an das Parteipräsidium der SPD, in dem er seinen Rückzug ins Privatleben begründet.*

Genossinnen und Genossen gibt's ja nicht mehr, also schreibe ich:

Sehr geehrte Damen und Herren!
Gerhard Schröder hat seinen Brief an die »lieben Freundinnen und Freunde« in der SPD mit dem Wort »ich« begonnen: »Ich weiß, wir leben in schwierigen Zeiten.«

Damit machte er erstens klar, er hat keinen Benimm, und zweitens: Er weiß alles, und wir anderen vagabundieren orientierungslos durch die politische Landschaft.

Soviel zum Thema Großkotzigkeit. Ich habe seinen Brief in den Papierkorb geschmissen: Eine Auseinandersetzung mit CDU-Positionen habe ich in den letzten Jahren bis zum Erbrechen führen müssen.

Was das Schröder-Blair-Papier angeht: Wenn die Bundesverbände des Deutschen Groß- und Außenhandels, die mittelständische Wirtschaft, BDI und Bundesbank dem Kanzler auf dem »Weg nach vorn für Europas Sozialdemokraten« beifallklatschend folgen, dann weiß ich, es ist Zeit, schleunigst umzukehren. Seien Sie doch mal ehrlich, meine Damen und Herren vom Präsidium: Hätte die FDP dieses Papier in seiner nebulösen Floskelsprache vor zwei Jahren zur Abstimmung im Bundestag gestellt – wir hätten es geschlossen abgelehnt.

Die alte Regierung hat immer bestritten, daß Gerd etwas

besser machen könne, aber daß er nicht mal etwas anders macht: Das hat wohl niemand erwartet.

Von mir aus kann dieser windige Typ in Zukunft machen, was er will.

Mein letzter Kommentar zu diesem Vorsitzenden gilt einem Satz von ihm, den ich kürzlich in einer Zeitung gelesen habe: »Zum Glück hat der Genießer in mir den Politiker voll in der Hand.« Damit gibt er zu: Er kann sich wirklich so klein machen, wie er ist. Wobei ich ihm gern zugestehe, wenn er nicht Politiker geworden wäre, hätte es vielleicht zum Demokraten gereicht.

Um Mißverständnissen vorzubeugen: Ich erwäge nicht, in die CDU einzutreten, auch wenn diese Partei, im Gegensatz zur SPD, immer noch einen kleinen, allerdings völlig einflußlosen, Arbeitnehmerflügel hat, in dem ich eine bescheidene Nischenexistenz finden könnte, die mir die Möglichkeit einräumen würde, hin und wieder meine mahnende Stimme zu erheben. Ich stehe durchaus noch auf dem Standpunkt, eine Partei, die die öffentlichen Haushalte derart hat abschmieren lassen wie diese christliche Versammlung von Wegelagerern und Halsabschneidern, sollte im Gegensatz zu mir nun wirklich das Maul halten, wenn es darum geht, den Saustall Deutschland auszumisten.

Meine Damen und Herren vom Präsidium, mein Schritt, Ihnen meine Mitarbeit aufzukündigen, ist beschleunigt worden durch die Art und Weise, wie die Position Ottmar Schreiners als Bundesgeschäftsführer jetzt zur Disposition gestellt wird – dieses Mobbing findet ja wohl nur deswegen statt, weil er aus dem Saarland kommt und immer noch Oskar Lafontaine grüßt, wenn er ihn auf der Straße trifft. Wer Ottmar abmaiert, will in Wirklichkeit weitere Klimmtzüge verhindern! Wie ich weiter höre, soll Franz Müntefering seinen Job übernehmen, um vor allem die nächste Bundestagswahl zu organisieren.

Nun gut, vielleicht wird er der Bevölkerung einreden können, Regierungsarbeit sei eine Performance, und eine Techno-SPD biete ein Optimum an Ablachen – aber selbst, wenn dem Franz rosa Plastiknelken in das, was ihm da aus dem Kopf sprießt, geflochten werden, nützt das gar nichts, wenn Rudi Scharping sich um das Parteiprogramm kümmern soll.

Wir waren mal eine Partei, die sich dadurch auszeichnete, daß sich ihre Mitglieder, vom Müllmann bis zur Professorin, duzten. Das funktioniert aber nur auf der Grundlage eines gemeinsamen tragfähigen Programms, und das kann doch dieser Nachnieser Scharping mit Sicherheit nicht erstellen.

Zum Schluß möchte ich Ihnen noch folgendes sagen: Neulich habe ich mal geträumt, wie einige mir fremde Personen, offenbar Modernisierer, an den Dienstwagen des Kanzlers Flügel und einen Propeller angeschraubt haben. Sie schoben das Fahrzeug auf das Rollfeld von Berlin-Tegel und behaupteten steif und fest, mit diesem Flieger würden sie nun in den Fortschritt abheben. Da bin ich, Traditionalist aus Überzeugung, von meinem eigenen Gelächter aufgewacht.

Am nächsten Morgen habe ich dann mal wieder im Lexikon nachgeschaut, was eigentlich ein Sozialdemokrat ist. Da stand:

Sozialdemokrat, der: Anhänger der Sozialdemokratie.

Sozialdemokratie, die: Eine politische Partei, die die Lehre von Karl Marx vertritt.

Sozialist, der: Anhänger des Sozialismus.

Sozialismus, der: Volkswirtschaftliche Lehre, die eine Lebens- und Wirtschaftsordnung unter stärkster Betonung der Gemeinschaftsidee erstrebt.

Sie, meine Damen und Herren der Parteiführung, sollten als Vorturner der Neuen Mitte ihren Verein umbenennen. Ich plädiere für LMD (Liberale Mitte Deutschlands) – das würde eine neue Ehrlichkeit signalisieren, und Sie müßten Ihr Auto nicht ständig als Flugzeug ausgeben. Aber dafür kann ich Sie wohl nicht erwärmen, und deswegen empfehle ich, wenn Sie beim nächsten Parteitag mal alle wieder gutgelaunt beisammensitzen, zwecks Hebung des Gemeinschaftsgefühls das schöne Lied »Brüder zur Sonne, Zurwehme« zu singen.

Leben Sie wohl – Dreßler.

PS: Wenn Müntefering Bundesgeschäftsführer wird, könnte Riester seinen Posten als Verkehrsminister übernehmen. Dann wäre das Arbeits- und Sozialministerium für mich frei. Für den Fall meiner Berufung auf diesen Posten würde ich diesen Brief als nicht geschrieben betrachten wollen.

Anfang September 1999

REZZO SCHLAUCH, *der Fraktionsvorsitzende von Bündnis 90 / Die Grünen im Bundestag, teilt seine Sorgen bezüglich seiner Managerkarriere seinem Steuerberater mit.*

Lieber Herr Häberle,
Sie haben es ja sicherlich auch in der Berichterstattung der Medien aufmerksam verfolgt: Überall fliegen Kolleginnen und Kollegen wegen ihrer finanziellen Transaktionen auf. Daß eine Schnapsnase wie Boris Jelzin sich derartig plump die Taschen vollstopft, daß es auffällt, war nicht anders zu erwarten. Aber all die anderen …

Sie wissen, Detailwissen ist nicht gerade meine Stärke, ich kann meine Zeit gemächlicher verbringen als mit der Aufarbeitung von Skandalen, aber jetzt bin ich doch aufgeschreckt.

Ausgerechnet Bayern! Ich war schon sehr froh, daß ich bei der Blutbank vom Roten Kreuz kein Konto habe. Aber was dem Stoiber mit seiner Wohnungsbaugesellschaft LWS passiert ist, dreistellige Millionenverluste, davor ist ja niemand gefeit, der in der Regierungsverantwortung eines Landes steht. Selbstverständlich muß man im Osten investieren, es ist nicht ungewöhnlich, daß einer Briefkastenfirma die benötigten Summen in den Briefschlitz gesteckt werden – auch wenn es gewiß sinnvoller gewesen wäre, sie dem Baulöwen Schneider zuzustecken – der hat ja zumindest einen festen Wohnsitz. Und wenn Herr Stoiber Gelder in Fernost anlegen läßt, kann man das durchaus als globale Variante des Länderfinanzausgleichs betrachten. Es ist dem Mann ja nicht zuzumuten, sich als Hütchenspieler vor dem Augustinerkeller niederzulassen.

Ich bin nur froh, daß es sich noch nicht herumgesprochen hat, daß Stoiber von Hombach auf den Cayman-Islands eine Doppelhaushälfte geschenkt bekommen hat ...

Überhaupt: Es ist unglaublich, wie die Medien über den Kollegen Hombach herschludern. Daß die Veba einem jungen aufstrebenden Politiker bei der Finanzierung seiner Villa ein bißchen hilft, das ist doch nicht verwerflich. Es ist nur unfair, daß die Veba das dem Hombach nicht gesagt hat. Ich kenne ihn gut genug, um zu wissen: Hombach hat sich jahrelang schwere Gedanken darüber gemacht, woher sein plötzlicher Geldsegen wohl gekommen ist. Na ja, jetzt weiß er's, aber es ist kein Wunder bei seiner großen Arbeitsbelastung, daß er sich nicht mehr daran erinnern kann. Im übrigen: Auch ich würde, genau wie der Kollege Hombach, meine Mutter in eine kostengünstige Behausung nach Kanada abschieben, wenn von der Pflegeversicherung nichts zu erwarten ist. Was soll man denn sonst machen?

Daß Deutschland mit Hombach einen erstklassigen Fachmann als Koordinator für den Wiederaufbau auf den Balkan schicken konnte, sollte uns alle mit Dankbarkeit erfüllen – er kennt die typisch balkanischen Geschäftsgrundlagen aus eigener Anschauung: die Bereicherungsmentalität, das System gegenseitiger Verpflichtung, die Freundschaftspreise, Scheinbelege und gesplitteten Rechnungen. Insofern bin ich auch sicher: Die Koinzidenz von Hombachs Amtsantritt auf dem Balkan und dem Verschwinden beträchtlicher Summen der Bosnien-Aufbauhilfe beweist ja nur, wie schnell unser bester Mann handelt, wenn Geldströme einer sinnvolleren Verwendung zugeführt werden müssen.

Ich denke übrigens, die türkische Regierung wäre gut beraten, Herrn Hombach auch als Wiederaufbaukoordinator in ihr Erdbebengebiet zu holen, denn er hat ja wohl bewiesen, daß er kostengünstige Häuser bauen kann, die so stabil sind, daß sie nicht einstürzen. Und das kann man von türkischen Bauherren nicht gerade behaupten. Vielleicht wäre es sogar sinnvoll, wenn Hombach und Stoibers LWS sich im Interesse der deutschen Wirtschaft gemeinsam dieser Region annehmen.

Entschuldigen Sie, ich bin mal wieder ins Plaudern gekommen. Dabei habe ich eigentlich ein ganz konkretes Anliegen.

Mich beunruhigen zutiefst Meldungen, nach denen angeblich die Managerkriminalität Milliardenschäden verursacht. Man spricht von 10 bis 40 Milliarden Mark, wohingegen durch Raubüberfälle nur ein Schaden von etwa 50 Millionen Mark entsteht.

Eine Untersuchung zeigt: Der typische Wirtschaftskriminelle ist männlich, 42 Jahre alt, verheiratet und sozial integriert. Kriminelle Topmanager sind von sich selbst überzeugt, und sie zeigen weder Reue noch Bereitschaft zur Wiedergutmachung.

Sie, Herr Häberle: Ich bin mehr als ein Topmanager – ich bin Parteimanager. Und sollte meine für jede gegen mich gerichtete Intrige zuständige »Kollegin« Kerstin Müller mit ihrem linken Grinsen dementieren, dieses Täterprofil sehe mir ähnlich, wird das allgemeine Aufmerksamkeit erregen, und ich kriege vermutlich Probleme.

Deshalb meine Fragen:

1. Kann bei mir irgend etwas rauskommen? Gibt es undichte Stellen?

2. Sehen Sie irgendwelche Möglichkeiten, mich noch etwas intensiver an der Aufteilung des großen Kuchens zu beteiligen?

Ich bin gespannt auf Ihre Antwort. Freundlichst Ihr
Schlauch.

Mitte September 1999

Eine Gruppe GEWERKSCHAFTSKIDS *meldet sich innovativ zu Wort, kaum haben junggrüne Realos und neoliberale Nachwuchssozis in Grundsatzerklärungen ihre Flexibilitätsreserven mobilisiert. Sie nennen sich »Auferstandene Karteileichen« und veröffentlichen anläßlich des 50jährigen Bestehens der IG Metall ein Strategiepapier zur Zukunft der Gewerkschaften mit dem Titel »Schluß mit Lustig«.*

Angesichts unseres Jubiläums, liebe Kolleginnen und Kollegen, fragen wir uns: Und das sollen wir feiern?

Wir meinen: Das halbe Hundert kann man im Suff konstatieren, aber doch nicht feiern.

Also: Schluß mit Lustig.

Das Vergangene ist nicht mehr real, das Kommende noch nicht mal virtuell sichtbar. Unsere Aufgabe lautet: Wir müssen unsere rückwärts orientierte ideologische Befangenheit abschütteln und uns im Hinblick auf den Zustand unserer pluralistischen Gesellschaft als die Kraft identifizieren, die die Polarisierung zwischen Industrie- und Entwicklungsländern pragmatisch beendet und die Stagnation des gesamtgesellschaftlichen Demokratisierungsprozesses überwindet.

Die Epoche, in der der Mensch zum »arbeitenden Tier« (Heidegger) mutierte, ist vorbei. Die sog. Arbeitswelt geht unter und mit ihr der Arbeitskampf. Das Arbeitsamt als Begegnungsstätte des ehemals werktätigen Volkes wird geschlossen.

Niemand hat ein Recht auf Arbeit, wenn es keine Arbeit gibt – es hat ja auch niemand einen Rechtsanspruch auf Hunger, wenn er satt ist.

Wir wissen: Vollbeschäftigung wird es nie wieder geben. Der Begriff »Arbeitsplatz« muß neu definiert werden als Ort geistigen und körperlichen Wohlbehagens.

Arbeit ist OUT, schöpferische Faulheit ist IN.

Wir fordern: Die Arbeitsmoral muß weg. Arbeit und Moral miteinander in Beziehung gesetzt und als Fetisch etabliert zu haben (Martin Luther!) ist eines der großen Verbrechen der Menschheit. Das hat dazu geführt, daß Arbeit nicht nur als lebenserhaltende Tätigkeit, sondern als Ausdruck eines besonderen Seins empfunden wurde.

Dazu kam: »Das Gegenteil der Arbeit ist nicht etwa Ruhe oder Muße, sondern es gibt unter diesem Gesichtswinkel keinen Zustand, der nicht als Arbeit begriffen wird. Als praktisches Beispiel dafür ist die Art zu nennen, in der schon heute vom Menschen die Erholung betrieben wird. Sie trägt entweder, wie der Sport, einen ganz unverhüllten Arbeitscharakter, oder sie stellt, wie das Vergnügen ... ein spielerisch gefärbtes Gegengewicht innerhalb der Arbeit, keinesfalls aber das Gegenteil der Arbeit dar.« (Ernst Jünger)

Also: Wir benötigen schleunigst eine völlig neue Freizeitethik, denn es ist absehbar, wann etwa 80 Prozent aller Menschen auf der Erde arbeitslos sein werden, die dann dringend der Orientierung bedürfen.

Wir müssen den Menschen klarmachen: Arbeit ist nicht die einzige Zerstreuung, die das Leben zu bieten hat. Oder noch prägnanter: Die Arbeit ist eine Schmach (Nietzsche).

Die ihrer Arbeit und damit ihres Seins verlustig Gegangenen müssen lernen zu akzeptieren, daß die Solidargemeinschaft aller Menschen durchaus in der Lage ist, mittels einer effektiven Administration jedem ihrer Mitglieder unentgeltlich Essen & Trinken, Wohnung, Kleidung, ärztliche Versorgung und freie Benutzung von Transportmitteln zur Verfügung zu stellen, und daß es sich um eine Menschenrechtsverletzung handelt, wenn angesichts der Reichtümer unserer Erde ein Mensch gezwungen wird, für seinen Lebensunterhalt zu arbeiten.

Aus der neueren psychologischen Forschung wissen wir: Viele Menschen arbeiten nur dann gern, wenn man sie nicht läßt. Hier ist intensive Schulung gefragt: Wir müssen die Jugend fit machen für Müßiggang, Zerstreuung, Kontemplation.

Dazu brauchen wir die gesellschaftliche Anerkennung der Arbeitsverweigerung (die Bauern kriegen schließlich heute schon viel Geld dafür, wenn sie im Schweiße ihres Angesichts nichts anbauen).

Anstelle der Arbeitsmoral muß die Einsicht treten, daß es ein Triumph der menschlichen Schöpferkraft ist, wenn wir uns alles Lebensnotwendige mit einem Minimum an Anstrengung verschaffen können.

Aufgabe des DGB kann es nur sein, dem freizeitorientierten Menschen der Zukunft eine gediegene Rundumanimation und ein genügend großes Belustigungsreservoir anzubieten, denn es würde zweifellos in ein katastrophales Chaos münden, wenn die Arbeitslosen sich ohne Anleitung und außerhalb gewerkschaftlicher Zusammenhänge organisierten und eine eigene anarchistische Spaßgesellschaft entwickelten. Wir wissen doch, wieviel Energie und kreatives Potential sich in einer solchen Masse möglicherweise entfalten können.

Wir als Gewerkschaft sind da in besonderem Maße gefordert, ein sich abzeichnendes Führungsdefizit zu verhindern.

Die Frage nach unserem Konzept und dessen Realisation ist schnell beantwortet: Etwa 20 Prozent der Weltbevölkerung werden demnächst ausreichen, um den Wirtschafts- und Produktionskreislauf aufrechtzuerhalten. Wir plädieren dafür, daß diese fix und fertig als 18jährige geboren werden, dann 22 Jahre lang umsonst malochen und pünktlich mit 40 freiwillig ins nächstgelegene Armengrab springen dürfen. Wir sind der Meinung, daß dieser Teil der Bevölkerung entsprechend anspruchslos und aufgabenfixiert auf gentechnischem Wege hergestellt und programmiert werden muß. In gewerkschaftlicher Hinsicht sind diese Dienstleistungskastraten ohne Belang. Um ihre Befindlichkeiten kann sich eine Hobbyinitiative besonders sozial engagierter KollegInnen kümmern. Der übrige Servicebereich wird von Kreaturen mit künstlicher Intelligenz abgedeckt.

Zur Zeit präsentiert sich die Bundesrepublik Deutschland als zum Staat gewordenes Kapital, sie ist eine Kette von Großkonzernen mit Staatscharakter. Der DGB hat darin den Status einer Tochterfirma, wie ADAC oder AOK oder ZDF. Das ist für uns junge Gewerkschafter ein Zustand, der auf Dauer nicht hingenommen werden kann, zumal wir beobachten, daß man in einer Versorgungsdiktatur wie Singapur den gesellschaftlichen Umbau in mancherlei Hinsicht sehr viel erfolgsorientierter angeht.

Angesichts der weltweit erfolgenden Fusionen (erst kürzlich: Vatikan & Mekka, nunmehr der weltweit führende Anbieter von Glaubensprogrammen!) halten wir eine Fusion von Freizeit und Kapital, von DGB und BDI, für unabdingbar. Nur vereint unter einem gemeinsamem Dach als BDGI (Bundesverband Deutscher Gewerkschafts-Industrie) werden wir einen weltweit konkurrenzfähigen Konzern gestalten können, der in absehbarer Zukunft nicht nur in der Lage sein wird, vergleichbare Institutionen anderer Kontinente zu übernehmen, sondern auch die Interessen der Welt gegenüber dem Universum wahrnehmen kann.

Wir brauchen, als neuen Typ des globalen Vernetzungsstrategen, den Gewerkschaftskonzernschmied, denn unser Ziel ist der als Gewerkschaftsstaat konstruierte, alles beherrschende Konzern, regiert von Experten und den Experten, die die Experten einsetzen, die mittels rationaler Expertisen die Richtlinien des Lebens bestimmen.

Dieser omninationale Gewerkschaftskonzernstaat wird aufgrund seiner absoluten Tarifautonomie die Bedürfnisse aller

Menschen erst nivellieren und dann komplett, aber würdig befriedigen, und zwar nach dem Prinzip:

Die Würde des Menschen ist das Leben des Menschen.

Der Grad der Würde ist standardisierbar.

Also ist die Würde des Menschen sein Lebensstandard.

Wir als Gewerkschaft müssen raus aus der Rolle des Anwalts der Unterdrückten und Leidenden, und wir müssen weltweit hineinwachsen in die Position der Verwalter aller, die als gutsituierte Müßiggänger unter dem Schutz und im Frieden unseres allmächtigen Konzerns ihrem Vergnügen nachgehen.

Dieses Vergnügen kann selbstverständlich auch darin bestehen, unser umfassendes Bildungsangebot zu nutzen, allerdings ohne jede berufliche Perspektive und auch ohne Aussicht, durch wie auch immer geartete Leistung in irgendeiner Form zu profitieren.

Das leitende Gremium von Staat/Konzern ist der Unternehmensstaatsrat. In ihm sitzen Spitzenexperten, von deren Outfit wir erwarten dürfen, daß es eher dem Golfplatz entspricht als einer Tischtennisplatte, denn es handelt sich ausschließlich um junge, hochmotivierte Menschen zwischen 18 und 29 Jahren: In diesem Alter weiß man alles, und kann man alles.

Zum Abschluß ihrer Karriere und als Dank für segensreiches Wirken werden Spitzenexperten an ihrem 30. Geburtstag geklont, um die Kontinuität der Führung zu gewährleisten.

Die bürgerlichen Freiheiten, auch Versammlungs-, Religions- und Redefreiheit, werden wie in jeder klassisch gut geführten Firma durch die Hausordnung determiniert. Da es mangels Konkurrenz ökonomisch keinen Sinn macht, für die Produkte des Konzerns zu werben, entfällt jegliches Anzeigenaufkommen und somit das Erscheinen einer Presse. Die sog. Pressefreiheit bleibt davon selbstverständlich unberührt. Eventuell notwendige Hausmitteilungen werden in »Heavy Metal«, einer gußeisernen Publikation ehemaliger Metaller, die als ihr Hobby »Nostalgie« angeben, oder als Untertitel in den Comedyprogrammen des konzerneigenen Staatsfernsehens rsp. des staatseigenen Konzernfernsehens veröffentlicht.

Ein parteipolitisches Engagement der so behüteten Menschen ist obsolet, da es keine Parteien mehr gibt, die unter dem Deckmantel, dem Allgemeinwohl zu dienen, eigene egoistische Ziele verfolgen, und weil das breitgefächerte Unterhaltungsangebot alle eventuell auftretenden Interessenkonflikte niederamüsiert.

Die Frage nach Gesinnung und politischem Standpunkt erhält stets und überall nur eine Antwort:

Ich bin ein staatstreuer Gewerkschaftsunternehmer.

Demzufolge finden auf der Führungsebene auch keine zeitraubenden parlamentarischen Debatten mehr statt, wohl aber in freundschaftlicher Atmosphäre sachliche Diskussionen zu Organisationsfragen.

Der Fortbestand der Demokratie wird jedoch garantiert durch das erfolgreiche Wirken von Meinungsexperten, die eine Reihe vorfabrizierter Alternativen so zur Wahl stellen, daß immer das von allen gewünschte Ergebnis herauskommt.

Wir müssen letztendlich den neuen Menschen als einen Inhaber zahlreicher, völlig informationsfreier Meinungen schaffen, der sich unserem organisatorischen Geschick vorbehaltlos überläßt und sich in unserer Organisation zumindest entspannter fühlt als in ehemals womöglich organisch gewachsenen Strukturen.

Kolleginnen und Kollegen, wir werden so sein, oder wir werden nicht sein! Aber: Eile ist geboten! Hätten unsere VorgängerInnen (auch hier als Schädlinge unterwegs: Alt-68erInnen!) nicht den richtungsweisenden und erfolgsträchtigen Weg zur Neuen Heimat seinerzeit ohne Not verlassen: Wir hätten heute schon ein beträchtliches Stück erfolgreicher Zukunft hinter uns.

Für Euern konkreten Einsatz vor Ort sind wir ab sofort bereit und in der Lage, Fahnen, Bierdeckel und Transparente mit den Aufschriften »Ich bin stolz, arbeitslos zu sein« oder »Ja, das tut dem Bürger gut: Leben ohne Arbeitswut« zur Verfügung zu stellen. Es würde uns freuen, wenn Ihr davon Gebrauch macht.

Unsere Selbstlegitimation für dieses Papier leiten wir ab aus der Erkenntnis, daß wir wirklich glauben, was wir tun. Und Euch sagen wir: Hinterfragen nützt nichts und bringt uns nicht weiter, denn: Dahinter ist nichts. Wenn wir vorankommen wollen, gibt es nur eins:

Wir müssen mit unserer Inkompetenz positiv umgehen.

Ende September 1999

SPD-Geisterfahrer REINHARD KLIMMT, *der nun kein Geisterfahrer mehr sein will, sondern beabsichtigt, in Zukunft nur noch rückwärts zu fahren, schreibt an seinen Ideologiedesigner.*

Lieber Oskar,
Glückwunsch zu Deinem Buch! Was ich gelesen habe, war nobel, edel, richtungweisend und von tiefer Einsicht in die Notwendigkeit der Vergangenheit geprägt. Ich will Dich, der Du Dich zur Zeit zwecks Vermarktung Deines Buches ja kaum um die Niederungen politischer Details kümmern kannst, kurz informieren, was sich so tut.

Also, Franz (Müntefering), Du erinnerst Dich: Franz, das sauerländische Fönmirakel, wird nun Generalsekretär unserer Partei. Hundert Jahre lang haben wir auf diesen militärischen Pipifax verzichtet und sind mit einem Geschäftsführer ausgekommen, jetzt muß ein General her, um einerseits gewachsenes Selbstbewußtsein und Nato-Verbundenheit zu demonstrieren und andererseits Nähe zum Osten, weil diese Leute es gern haben, wenn der oberste Aktenordner einen ansprechenden Titel trägt. Honecker war schließlich auch Generalsekretär.

Ich werde der Nachfolger von Franz als Verkehrsminister. Du weißt, lieber Oskar, daß ich von dem Metier keine Ahnung habe. Aber Franz hatte auch keine. Immerhin hat er mir die Mühe abgenommen, gleich als erstes Bahnchef Ludewig zu feuern. Das wurde wirklich Zeit – wenn ich in Saarbrücken in den Zug stieg, um nach Völklingen zu fahren, hatte ich immer

Angst, bis zur Ankunft das Pensionsalter erreicht zu haben. Und das mit dem Transrapid hat der Franz auch noch schnell geregelt. Der wird jetzt eine Spur billiger ...

Die Wahlen im Saarland habe ich entsprechend unserer Absprache verloren. Die Ausgangslage war aber auch zum Weinen schön: Ich immer volles Rohr gegen Schröders unsozialen Sparkurs. Hätte ich gewonnen, wäre mein Kurs gegen die Bundesregierung für den Sieg verantwortlich gewesen. Nun habe ich verloren, und daran ist selbstverständlich auch die Bundesregierung schuld.

Wie Du vorausgesagt hast, will er mich mit dem neuen Job in die Kabinettdisziplin einbinden. Aber jedes Mal, wenn er mich ansieht, muß er ja nun zwangsläufig an Dich denken, und alles, was er sagt, erfährst umgehend Du. Ein befriedigendes Gefühl, daß er weiß: Wir haben ihn in der Zange. Den Vorwurf des Opportunismus, der in der Öffentlichkeit erhoben wurde, stecke ich – auch angesichts der anständigen Bezahlung – lokker weg.

Die übrigen Landtagswahlen verliefen erwartungsgemäß: Die CDU marschiert. In absoluten Zahlen legt sie nicht zu, aber ihre Leute schreiten zur Wahl. Demnächst gehen nur noch die 20 Prozent CDU-Wähler an die Urne, und das reicht dann für 100 Prozent der Sitze. Die SPD ist so stark wie die FDP in ihren besten Zeiten, und der Promillegehalt der Grünen reicht nicht einmal zum Führerscheinentzug. Die Christdemokraten spielen sich als Hüter des Sozialstaats auf. Demnächst fallen sie noch massenweise in der Toskana ein und diskutieren beim Barolo unter Zypressen über die Verstaatlichung von Post und Bahn. Und wir hocken in unseren Reihenhäusern und fetzen uns über das Sparpaket: Keiner teilt die Meinung des anderen. Alle reden durcheinander, keiner weiß, wer dafür und wer dagegen ist, auch nicht, wer wofür und wogegen ist, es gibt schwere Auseinandersetzungen zwischen denen, die sich unablässig widersprechen, und denen, die sich selbst widersprechen, mit denen, die derselben Meinung sind wie die, die das

Gegenteil behaupten von denen, die ganz ihrer Ansicht sind, ohne denen zuzustimmen, die sich der Meinung jener anschließen, die ihre eigene Ansicht ablehnen. Insofern ist es schon richtig, wenn es heißt, die Sozialdemokratie hat ein Problem, ihre Position dem Volk zu vermitteln.

Der Herr Stolpe, unser Brunftbariton aus Brandenburg, hat ja verlauten lassen, mit der CDU könne man am besten sozialdemokratische Politik durchsetzen. Daß er nicht sofort aus der SPD rausgeschmissen wird, beweist ja nur, daß es richtig ist, wenn nun wiederum die CDU sagt, mit der SPD lasse sich am besten christdemokratische Politik durchsetzen.

Nur Regine Hildebrandt, die Marketenderin der Ossi-Folklore, die einer in der Einkaufstüte zerquetschten Apfeltasche immer ähnlicher wird, packte, wie sie sagte, die »blanke Verzweiflung«, und sie sprach von den »Arschlöchern der CDU«. Ich persönlich habe nichts dagegen, wenn diese immer viel zu laute Schnatterliese endlich aus der Politik verschwindet und am besten einen Job als Tagesmutter bei der Kelly-family antritt: Als Jammertussi populistische Reden schwingen, als gehöre frau nicht zum Regierungsklüngel, und ständig andere für die eigene Ohnmacht verantwortlich zu machen – das wird auf Dauer doch arg langweilig.

Schlimm waren natürlich die Kommunalwahlen in Nordrhein-Westfalen. Ich habe mir anschließend die Frage gestellt: Wie funktioniert eigentlich Filz in Deutschland? Und ich bin zu dem Ergebnis gekommen, immer nach demselben Muster: Ist in einem Land oder in einer Stadt die SPD dran, wird die CDU mit ins Boot geholt, und deren wichtigste Persönlichkeiten kriegen die gesellschaftlich anspruchsvollsten Posten – Chefarzt oder Uni-Chef oder Museumsdirektor oder Karnevalsprinz. So lief das in Köln. Wenn aber die CDU am Ruder ist, holt sie auch die wichtigsten Persönlichkeiten der SPD ins Boot – nur, die kriegen dann den Bahnhofskiosk oder die Würstchenbude auf dem Marktplatz.

So läuft das, und wir sehen nicht gut aus dabei.

Dazu kommt: Die Leute haben nicht nur das Sparpaket im Kopf, die vergessen auch sonst nichts. Sie haben Rot-Grün gewählt in der festen Hoffnung, demnächst läuft bei ihnen der Stromzähler rückwärts.

Und Kosovo läßt sich auch nicht einfach unter den Teppich kehren. Diesen Nato-Sieg kann man nicht als »erfolgreichen Fehlschlag« verkaufen: Da werden im Fernsehen Demonstrationen von 5000 Leuten als gewaltige Volkserhebung gegen Milosevic ausgegeben, und Herr Wickert verkündet: »Der Rückhalt von Milosevic in der Bevölkerung wird immer geringer.« Dazu kann ich doch nur sagen: Der Rückhalt von Schröder in Deutschland wächst auch nicht gerade. Außerdem: Die Serben werden aus dem Kosovo vertrieben, und die Bundeswehr steht dabei Spalier. War da nicht mal was mit ethnischer Säuberung und Deportation und armen Flüchtlingen? – Im Kosovo ist die DM jetzt Einheitswährung, das Volk liebt unsere Bundesregierung und jubelt Scharping zu: Wie wär's, wenn Schröder den deutschen Regierungssitz nach Deutsch-Süd-Ost verlegt, nach Prizren?

Außerdem setzen die Leute das, was im Kosovo geschah, mit dem, was in Ost-Timor geschieht, in Beziehung. Und sie fragen sich: Wo bleibt in diesem Fall Scharping? Warum glotzt er uns nicht stündlich, mit 150 Dioptrien, tränenden Auges an, »Völkermord! Völkermord!« rufend und »humanitäre Katastrophe!«, dem körperlichen Zusammenbruch nahe, weil er unter Verstopfung leidet auf Grund der Last der internationalen Verantwortung, und warum verlangt er nicht: »Bringt mir den Kopf von Habibi!« Der Verdacht schleicht sich ein, Madeleine Albright hat ihrem Hooligan Scharping einen Maulkorb verpaßt.

Tja, lieber Oskar, das ist in groben Zügen die politische Großwetterlage.

Wesentlich erheiternder war das Drama, was die Kleinfamilie Schröder zu erdulden hatte. Man kam ganz toll erholt aus dem Urlaub zurück, Papa sprach ein Machtwort nach dem anderen, und Mama guckte mit dem Töchterchen fern. Und was sahen die beiden? RTL 2! Und wer trat da auf? Papa! Papa als Gummipuppe mit gepiercten Brustwarzen, der über sein Sexualleben plauderte.

Wenn so was mit Helmut und Hannelore passiert wäre, da hätten wir aus dem Hause Kohl nicht so ein beleidigtes Geschrei über eine »Verletzung von Geschmacksgrenzen« oder ähnliches gehört – der Dicke hätte ganz anders reagiert: Der hätte ein paar Strippen gezogen, und nur Stunden später hätten alle Geschäftsführer und Chefredakteure von RTL 2 um Gnade gewinselt. Und dann wären sie mit reduzierten Bezügen nach Hause abgeschoben worden.

Aber ich sage ja immer: Wenn inkompetente Männer ganz nach oben geschwemmt werden, knallen als erstes ihre Weiber durch. Doris war tief erschüttert, wußte die Bild-Zeitung, und sie sorgte sich vor allem über die Wirkung von Pfui-TV auf die Seele ihres Kindes. »Wer schützt unsere Tochter vor diesem Schmutz?« greinte sie völlig entgeistert.

Da frage ich mich wirklich: Wie blöde darf man als Kanzlergattin sein? Ich meine, normalerweise schützt die Mama selbst ihr Kind vor so was. Oder Mama und Papa zusammen. Wenn die beiden mit ihrer Achtjährigen sich durchs TV zappen und plötzlich der Gummipapa im Rammelkanal RTL 2 einen Satz Dildos balanciert, dann müssen die Eltern eben die Kiste ausmachen, oder, was noch sinnvoller ist, gar nicht erst einschalten. Bei der ganzen Angelegenheit kann ich nur einen Schluß ziehen: Das war eine phantastische Reklameaktion der Familie Schröder für RTL 2, dafür sollte der Sender mal einen vergoldeten Vibrator rüberschieben oder so was.

Das war's nun wirklich.

Dir und Christa und dem Filius die freundschaftlichsten Grüße von Deinem Reini.

3. Oktober 1999

JOHANNES RAU, *Bundespräsident, salbeisanfter Versöhnungskalfaktor, schreibt am Abend des Tages der deutschen Einheit an eine gute Freundin.*

Liebe Brigitte Lohmeyer,
gestern und heute bin ich also zum ersten Male in bestem englischem Tuch herumgelaufen, Krawatten und Hemden passend dazu: Johannes Rau, eingekleidet von Dr. Brigitte Lohmeyer ... Da ist es Zeit, Ihnen ganz herzlich zu danken für alle Freundlichkeit, nicht nur für den fachkundigen Rat in besten Häusern!

Ich hoffe, wir sehen uns noch vor Weihnachten. Und ich wünsche Ihnen, daß sich für die nachberufliche Zeit bald gute Aspekte ergeben.

Ich kümmere mich noch ein bißchen.

Ihre Sorge um Europa teile ich. Und daß sogar die Finnen unserer deutschen Sprache auf einer europäischen Konferenz so mit Mißachtung begegnet sind, war gewiß keine Lappalie. Damit erweisen die Brüder und Schwestern aus dem Permafrost dem europäischen Gedanken keinen Gefallen, zumal wir auch im Ringen um eine gemeinsame europäische Hymne auf der Stelle treten.

Sie wissen, liebe Brigitte, ich schreibe hin und wieder in den seltenen Mußestunden auch schon mal ein Gedicht – da würde mich nun Ihre Meinung interessieren, ob mein kleines Werk nicht eine Hymne für Europa sein könnte, die den Menschen Hoffnung vermittelt, aber ihnen auch eine Hilfe zur Standortbestimmung gewährt. Lesen Sie:

Jeder Tag ist ein Tag in der Geschichte Europas (Rezitativ)

Hier ist mein Vaterland
wo ich die Muttermilch trank
wo ich mein Grundstück fand
dort steht auch meine Bank
das ist mein Vaterland

Hier ist meiné Nation
hier krieg ich einst Pension
und wenn die Nato fliegt
bleibe ich unbesiegt
das ist meiné Nation

Hier ist meiné Freiheit
in Freude und in Leid
fahr ich die Autobahn lang
spüre ich keinen Zwang
das ist meiné Freiheit

Hier ist mein Grundwertschatz
hier ist mein Stammtischplatz
Pfarrer und Ortspolizei
nehmen für mich Partei
das ist mein Grundwertschatz

Jeder Tag ist ein Tag in der Geschichte Europas (Rezitativ)

Ich bin mir durchaus bewußt, daß auf diesen Versen ein wenig Schnee aus dem Bergischen liegt, ich nenne das die Wuppertaler Solidität, aber trägt nicht jeder Europäer stets auch ein wenig Wuppertal in sich? Und ich meine, auch eine Spur grundsoliden Humors in diesen Zeilen zu entdecken. Vielleicht machen Sie mir bei Gelegenheit die Freude, diesen meinen bescheidenen Beitrag zur europäischen Einheit ins Englische zu übertragen, um die internationale Gesangstauglichkeit zu überprüfen. (Über die Melodie habe ich mir noch keine Gedanken gemacht, ich denke, das Sujet könnte den Fähigkeiten eines Justus Frantz angemessen sein!)

Sorge macht mir in gewisser Weise, daß Humor so eine zutiefst nationale Angelegenheit ist. Schon Tucholsky hat ja zu Protokoll gegeben: »Einmal wurde ein besonders unanständiger, besonders kniffliger Witz erzählt. Der Tscheche verstand ihn sofort, der Italiener gleich, der Holländer nach einer halben Stunde, und die Dame aus Hamburg nie. Der Grieche kannte ihn.«

Es ist also zu hoffen, daß wegen dieses evidenten Humorgefälles in einem Europa mit gemeinsamem Binnenmarkt, einheitlicher militärischer Kommandoebene, einheitlicher Währung, normierten Bananen und gemeinsam festgeschriebener Gurkenkrümmung über kurz oder lang auch der Euro-Humor von den EU-Kommissaren auf ein allgemein leicht verständliches DIN-Format verpflichtet wird.

Dann lachen wir Europäer gemeinsam in verbindlich festgelegter Lautstärke!

Paul Valéry schrieb schon 1919: »Überall, wo der europäische Geist dominiert, sieht man das Maximum von Bedürfnissen hervortreten, das Maximum von Arbeit, das Maximum von Kapital, das Maximum von Ertrag, das Maximum von Ehrgeiz, das Maximum von Macht, das Maximum von Veränderung der äußeren Natur, das Maximum von Beziehungen und von Austausch. Dieses Ensemble ist Europa oder ein Bild von Europa.«

Das sind Worte von prophetischer Kraft, auch wenn sie einstweilen noch eher auf die Tigerstaaten vor 25 Jahren zutreffen. Denn wir Europäer bemühen uns nach Kräften, das Stadium des Aufbruchs hinter uns zu lassen. Aber da gilt es, noch manche Mühsal zu überwinden. Wenn sich ein US-Amerikaner und ein Europäer kennenlernen, wird der Amerikaner sagen: »Hallo, ich bin Amerikaner.« Er wird sich also gewissermaßen sogar den südamerikanischen Kontinent gleich miteinverleiben. Der Europäer jedoch wird beispielsweise antworten:

»Guten Tag, ich bin Bulgare«, oder, noch verwunderlicher: »Grüß Gott, ich bin Belgier«. Bis zum selbstbewußten: »Hallo, ich bin Europäer« haben wir noch einen weiten Weg zurückzulegen.

Ja, Europa ist ein Kontinent der Vaterländer und der Muttersprachen. Und jedes Vaterland ist das geliebteste und jede Muttersprache die natürlichste. Das Vaterland aufzugeben und sich anderen Ortes anzusiedeln ist nicht das große existentielle Problem: Als Kerpener kann man gut in Monaco leben, so europäisch ist der Nordrheinwestfale. Auch sich des Französischen zu bemächtigen bietet keine unüberwindliche Hürde. Aber dafür die Muttersprache aufgeben? Das läßt der Nordrheinwestfale nicht mit sich machen. Die schier unaufhaltsame Entwicklung zu den Vereinigten Staaten von Europa hin verlangt aber gerade das: *eine* Sprache zu sprechen. Nur welche?

Ob Telekomdeutsch und der oft recht gelungene Sprachmix der werbetreibenden Industrie eine über die rein geschäftliche Kommunikation hinausreichende Verständigung der Menschen untereinander ermöglicht, das wage ich in Zweifel zu ziehen.

Europa kann aber niemals dem US-Modell nachfolgen, wenn nicht all die vielen Sprachen verschwinden und man sich auf eine Einheitssprache einigt. Wie aber jeder einzelne Mensch verarmt, wenn er seiner Muttersprache verlustig geht, jene Sprache, in der er zu denken angefangen hat (oder doch wenigstens zu sprechen), darüber wird in Europa zur Zeit noch erschreckend wenig diskutiert.

Mir scheint, wollen wir Ungerechtigkeiten vermeiden, der einzige Ausweg zu sein, sich nicht etwa auf eine der »großen« Sprachen zu einigen – deutsch, englisch, französisch oder spanisch –, sondern alle Europäer zu zwingen, eine neue Sprache zu lernen: Europäisch! Wenn alle oder doch fast alle Menschen Europas vor dieser Aufgabe stehen, kann von diesem Scholarentum eine wunderbar einigende Kraft ausgehen.

Und wie soll dieses »Europäisch« aussehen? Nun, ich bin gegen Latein. Allzu viele junge Menschen sind daran schon gescheitert. Ich bin auch gegen Esperanto, einfach deswegen, weil es zuviel Latein enthält. Eher schon gefiele mir Kishuaeli (wissen Sie, was »Tomba-Tomba« bedeutet? Schauen Sie nach!) oder Bambara oder auch Tadaqchahaq – eine Verwendung dieser Sprachen wäre vor allem sinnvoll im Hinblick auf eine künftige afro-europäische Vereinigung. Auch das pakistanische Urdu ist leicht zu erlernen und könnte eine euro-asiatische Union enorm vereinfachen. Leider habe ich Grund zu der Annahme, daß wir für eine Realisierung dieser Sprachreform keine Mehrheit finden werden. Ich werde mich also darauf beschränken, als gesamteuropäisches Verständigungsmittel die Verwendung der Sprache eines kleinen europäischen Volkes vorzuschlagen. Ich denke da an Baskisch, Litauisch, Finnisch oder Bayrisch. Was halten Sie davon? Ich bin gespannt auf Ihre Antwort.

Viele liebe Grüße – Ihr Johannes Rau.

Oktober 1999

Nachwort: *Beichte des Verfassers*

Der Lieblingssport der sog. Alt-68er ist es ja zur Zeit, die sog. Alt-68er fertigzumachen, und die Intellektuellen beklagen das Versagen, ja sogar das Ende der Intellektuellen. Auch ich bin um meine seelische Reinigung bemüht gewesen, um Katharsis, und bin, obwohl frommer Atheist, zur katholischen Beichte gegangen. Daran kann man erkennen – ich bin mindestens genauso zerrissen wie die olivgrünen Spitzenfrauen.

Pater peccavi, sagte ich, vor dem Beichtstuhl kniend.

Das glaube ich sofort, antwortete der Pater, *dann mal raus mit der Sprache. 68er?*

Nein, sagte ich, dafür war ich damals schon zu alt. Meine Politisierung begann mit Willy Brandt. Ich habe ihn im Wahlkampf unterstützt.

Macht nix, du hast ihn ja überlebt, tröstete mich sanft der Pater.

Wegen des Radikalenerlasses habe ich mich von ihm abgewandt. Ich hatte Mitleid mit den kommunistischen Friedhofsgärtnern, die damals alle entlassen wurden.

Du standest also auf Seiten der Täter. Das wird dir der Herrgott übel nehmen, rügte mich der Pater.

Es kommt noch schlimmer, sagte ich, ich wandte mich dann jener kommunistischen Sekte zu, in der auch mein jetziger Umweltminister sein Unwesen trieb.

Pfui Teufel, warst du verblendet.

Ja. Es tut mir leid. Ich habe mit der Anti-AKW-Bewegung demonstriert, bekannte ich, und einmal habe ich eine Zigarette auf dem Hinterteil eines Polizeipferdes ausgedrückt. Der Polizist ist daraufhin wenig elegant abgesessen.

Der Pater war entsetzt: *Du rauchst? Das ist ein böses Laster.*

Nicht mehr. Die Frauen, mit denen ich in der Wohngemeinschaft –

Der Pater war ganz Ohr: *Ja, was war da? Geilheit? Promiskuität? Unzucht mit Tieren?*

Ich sagte: Schlimmer. Wir waren in der Friedensbewegung.

Damit hast du dich weit außerhalb unserer heiligen Mutter Kirche gestellt, mein Sohn, sagte der Pater bekümmert.

Das wollte ich nicht. Aber ich habe mich hinreißen lassen, vor vielen Menschen aufrührerische Reden zu führen. Bei Rock gegen Rechts habe ich heimattreue Patrioten beleidigt. Auf einer Massenkundgebung während des Nachrüstungsparteitages der SPD unter Helmut Schmidt habe ich die Verteidiger unserer abendländischen Werte geschmäht.

Die Antwort des Paters war buttermild: *Daß Du Unrecht hattest, siehst du heute ja wohl selbst ein.*

Ja, gewiß. Meine größte Sünde war: Ich kannte persönlich einige Terroristen.

Tststs, sagte er, *diesen Schaden an deiner Seele kann auch ich nicht ausbügeln.*

Ich weiß, Pater. Dann war ich auf dem Gründungsparteitag der Grünen. Ich habe auch dort lästerliche Reden geführt. Ich war für den Sozialismus und habe verlangt, die Grünen sollen sich nicht das linke Bein absägen, solange sie nicht wissen, wie die Krücken aussehen, mit denen sie dann davonhumpeln wollen. Und ich habe gesagt, ich wollte wenigstens so lange leben, bis die Rote Armee den Vatikan dichtmacht.

Der Pater war amüsiert. *Höhöhö. Da lacht die Geistlichkeit,* meinte er.

In der Folgezeit habe ich alles getan, um unseren Bundeskanzler Kohl lächerlich zu machen.

Damit hast du dich zufrieden gegeben, verhöhnte er mich, *höhere Ziele hattest du nicht?*

Doch. Ich habe Wahlwerbung für die Grünen gemacht. War Teil der grünen Raupe. Das hat mich sogar meinen Job gekostet.

Eine kleine Buße, sagte er, *aber du konntest ja auch nicht ahnen, was für ein Schmetterling aus dieser Raupe wird.*

Eben. Damals dachte ich, das sei revolutionär. Dann habe ich Gerhard Schröder bei zwei Wahlkämpfen in Niedersachsen aktiv unterstützt. Heute möchte ich den damaligen niedersächsischen Ministerpräsidenten Ernst Albrecht um Verzeihung bitten für die vielen schlechten Witze, die ich auf seine Kosten gemacht habe.

Na ja, sagte der Pater, *times they are changing. Kanzler Schröder ist heute ein guter Bekannter des Papstes. Also, du hast ein sündiges Leben geführt. Warst ein Saulus. Und nun? Hast du dein Leben geändert?*

Ja. Heute weiß ich: Große Ideen erfordern kleine Korrekturen.

Ist es nicht umgekehrt? fragte der Pater.

Ja. Natürlich. Kleine Ideen erfordern große Korrekturen.

So ist es recht, mein Sohn, sage mir, was hat dich bekehrt? Was machte dich zum Paulus?

Meine Erweckung fand statt, als ich Joseph Fischer –

Menschenfischer, sagte der Pater ehrfürchtig, *Menschenfischer. Und Joseph ist auch ein Name voller Gnaden.*

Ja. Als ich den Menschenfischer so anmutig neben seiner Madeleine Albright stehen sah, da wußte ich: Diese Liebe, diese Gottgefälligkeit und diese selbstzufriedene Zuversicht werde ich niemals erreichen, wenn ich mich nicht grundlegend wandle.

Der Pater hüstelte. *Und woran glaubst du nun?*

Und da begann ich zu beten:

Ich glaube an die reinigende Kraft von Menschenrechtsbombern.

Ich glaube an den kulturellen Aufschwung durch Propaganda.

Ich glaube an höhere Gewinnspannen durch Leibeigenschaft.

Ich glaube an den heiligen Krieg und an die Steuerreform.

Ich glaube an die Erleuchtung durch die Stromwirtschaft: Ihre Brancheninteressen und das Gemeinwohl sind identisch.

Ich glaube an den Segen der Versicherungsgesellschaften: Was gut ist für die Allianz, ist gut für Deutschland.

Ich glaube an die unbefleckte Empfängnis von Ministerinnen und Ministern, und ich glaube an die Vergeßlichkeit von Wählerinnen und Wählern.

Der Pater schnaufte. Dann fuhr er mich an: *Ich glaube, du bist nicht unbedingt ein Sünder, du bist einfach nur bescheuert. Ego te absolvo. Amen, verpiß dich.*

Gunter Gerlach / Olaf Oldigs / Lou A. Probsthayn

Weißer wurde über Nacht schwarz

Reporter auf der Jagd nach dem Unglaublichen. 157 Seiten mit 63 Schwarzweiß-Fotos. SP 1960

Die aufregendsten Informationen findet man in den Papierkörben der Weltpresse. Sie liegen dort, weil sie unglaublich sind und niemand sie zu drukken wagt. Das sind die Fälle, die unsere Reporter aktiv werden lassen. In ihrer Arbeitsweise unterscheiden sie sich erheblich von herkömmlichen Journalisten. Während der normale Reporter eine Nachricht erst einmal bezweifelt, verstehen sich unsere Reporter als Anwälte ihrer Informanten. Sie unterstellen, daß ihre Interviewpartner ganz einfach die Wahrheit sagen.
Warum sollte ein Weißer nicht über Nacht schwarz werden? Haben wir uns nicht alle schon einmal »schwarz« geärgert? Ärzte beobachten täglich, wie sehr die Psyche die Physis beeinflußt.
Und warum sollte eine Hausfrau aus Dänemark nicht Pilze auf ihrer Haut wachsen lassen? Überall arbeiten Wissenschaftler daran, das Hungerproblem in der Welt zu lösen. Ist nicht jeder von uns gefordert, dabei mitzuwirken.
Und warum soll eine TV-Fernbedienung durch ihren Sender nicht einen elektronischen Herzschrittmacher beeinflussen können? Die technische Entwicklung ist so rasant fortgeschritten, daß oft nicht einmal Techniker genau wissen, *warum* etwas funktioniert – nur, *daß* es funktioniert!
Es gibt viele unerklärliche Dinge auf der Welt. Wir lesen täglich davon. Selbst Wissenschaftler müssen sich bei ihrer Arbeit oft darauf beschränken, Phänomene nur zu beschreiben. Erklären können sie sie nicht.
Unsere Reporter sind gezwungen, den gleichen Weg zu gehen. Sie beobachten, hören zu und beschreiben. Sie haben gelernt, daß Zweifel uns der Wirklichkeit nur mehr entfremden. Deshalb glauben sie den Menschen, denen sonst niemand glaubt.

Lachgas im Airbag

Unglaubliche Auto-Geschichten. 210 Seiten mit zahlreichen Abbildungen. SP 2226

Henning Venske

Gerhard Schröders geheimes Tagebuch

160 Seiten. SP 2663

Politiker lügen. Das weiß jeder. Sie hantieren mit Worthülsen, wenn sie mal nicht lügen – auch das ist bekannt. Und wenn man ihnen das Redemanuskript wegnimmt, wissen sie immer weiter, ist ja schließlich egal, was sie sagen. Aber es gibt auch Politiker, die das Herz auf dem rechten Fleck haben. Man sieht das nur nicht immer. Einer von ihnen hat im stillen Kämmerlein Klartext gesprochen: Gerhard Schröder, der sturmerprobte Niedersachse aus der Eisenwarenhandlung. Schonungslos offen, gnadenlos ehrlich, erbarmungslos aufrecht und hemmungslos mit sich selbst beschäftigt, hat er seinem geheimen Tagebuch anvertraut, was er wirklich denkt: über sich, seine Haustiere, die Frauen, das Käseangebot, über die Politik und wie man sie verhindert. Nur wer tagtäglich um die Verantwortung weiß, in der er steht, kann diesem unserem Lande ein Dokument von so seltener Aufrichtigkeit schenken.

Şinasi Dikmen

Hurra, ich lebe in Deutschland

Satiren. Mit einem Vorwort von Dieter Hildebrandt.
169 Seiten. SP 2159

Şinasi Dikmen sieht aus und wirkt wie ein Deutscher, der Türkisch gelernt hat. Erst seine Schilderung des deutschen Alltags verrät ihn als Türken. So, wie er uns sieht, könnten wir uns nicht akzeptieren. Die Geschichten von Şinasi Dikmen erzählen von den Freuden des Alltags, die unseren türkischen Mitbürgern hierzulande beschert werden: von der erbarmunglosen Großzügigkeit, mit der sie abgelegte Kleidung einheimischer Familien gespendet bekommen, von den beglückenden Erfahrungen im interkulturellen Umgang mit den vielen Deutschen, die alle Fremden so sehr lieben, daß sie ihnen ihr Bestes, also ihr deutsches Wesen, selbstlos und unermüdlich aufdrängen. Es sind listige Geschichten, die ganz und gar aufs Jammern verzichten – wie auch auf die Predigten der Sozialarbeiter und der Integrationsartisten.